중식
조리기능사 실기
(20품목)

도서출판유강

서문(序文)

> "한 권의 문학서적과 인문서적이 인생을 바꾸지만,
> 직업교육에 필요한 전문서적은 희망과 행복을 만듭니다."

한 권의 문학서적과 인문서적은 인생을 바꾸지만, 중식조리 교육에 필요한 전문서적은 희망과 행복을 만듭니다.

지구상의 모든 음식은 각 나라마다의 고유한 특징을 갖고 있습니다. 각 나라별로 역사의 흐름 속에서 환경, 사회, 경제, 문화적인 차이에 따라 중식조리도 다양합니다.

대한민국의 직업훈련정책에 발맞추어 실무중심 교육을 강화시키고자, 음식서비스 분야의 현장에서 필요로 하는 직무를 체계적으로 적용하여 중식 전문 인력을 양성하도록 노력하였습니다. 이에, NCS(국가직무능력표준)를 전면 도입하여 국가 역량체계를 만들어 가는 데 도움을 주고자 「중식조리 실기」를 능력단위별로 나누어 수록하였습니다.

총 7개의 능력단위 중에서, 중식조리 실기과목인 단위를 나누어 chapter 1. 중식 튀김조리, chapter 2. 중식 조림조리, chapter 3. 중식 밥조리, chapter 4. 중식 면조리, chapter 5. 중식 냉채조리, chapter 6. 중식 볶음 조리, chapter 7. 중식 후식조리로 구성하였습니다.

중식조리 교육현장과 조리현장에 적용 가능하며, 중식조리의 기본에 충실하면서 보편화된 요리들을 중심으로 본연의 맛을 추구할 수 있도록 방향을 제시하려고 노력했습니다. 급변하는 외식산업과 국가정책의 발전에 부응하여, 우수한 중식조리 전문가의 배출에 기여하고자 합니다.

도서출판 유강 유인하 회장님, 촬영에 수고하신 씨엠씨 황익상 실장님과 한국음식문화 직업전문학교, 성남외식조리 직업전문학교, 성남요리학원의 훈련교사 선생님들께 감사의 인사를 드립니다.

여러분들의 성공을 기원 드립니다.

저자 드림

목 차

제 1장 중식 조리 이론

- **8** 중국 요리의 특징
  1. 중국 음식 문화의 특징
  2. 중국 요리의 지역별 특징
- **15** 중국 요리의 기초 조리법
  1. 식재료 기본 썰기
  2. 중국 요리 기본 조리법
- **24** 중국 요리의 도구
- **27** 중국 요리의 식재료
  1. 채소류
  2. 소스류
  3. 기타류
  4. 기타 식재료 용어

제 2장 중식 조리기능사 실기 20품목

- **38** Chapter 1. 중식 튀김조리
  탕수육 | 깐풍기 | 탕수생선살
- **44** Chapter 2. 중식 조림조리
  난자완스 | 홍쇼두부
- **48** Chapter 3. 중식 밥조리
  새우볶음밥
- **50** Chapter 4. 중식 면조리
  유니짜장면 | 울면
- **54** Chapter 5. 중식 냉채조리
  오징어냉채 | 해파리냉채
- **58** Chapter 6. 중식 볶음조리
  양장피잡채 | 부추잡채 | 고추잡채 | 마파두부
  새우케첩볶음 | 채소볶음 | 라조기 | 경장육사
- **74** Chapter 7. 중식 후식조리
  빠스옥수수 | 빠스고구마

  참고문헌
  중식조리기능사 실기 요약

• 중식 튀김조리

탕수육 _ 38

깐풍기 _ 40

탕수생선살 _ 42

• 중식 조림조리

난자완스 _ 44

• 중식 밥조리

• 중식 면조리

홍쇼두부 _ 46

새우볶음밥 _ 48

유니짜장면 _ 50

울면 _ 52

• 중식 냉채조리

• 중식 볶음조리

오징어냉채 _ 54

해파리냉채 _ 56

양장피잡채 _ 58

부추잡채 _ 60

고추잡채 _ 62

마파두부 _ 64

새우케첩볶음 _ 66

채소볶음 _ 68

• 중식 후식조리

라조기 _ 70

경장육사 _ 72

빠스옥수수 _ 74

빠스고구마 _ 76

제1장
중식 조리 이론

중국 요리의 특징
1. 중국 음식 문화의 특징
2. 중국 요리의 지역별 특징

중국 요리의 기초 조리법
1. 식재료 기본 썰기
2. 중국 요리 기본 조리법

중국 요리의 도구

중국 요리의 식재료
1. 채소류
2. 소스류
3. 기타류
4. 기타 식재료 용어

◆ 중국 요리의 특징

1. 중국 음식문화의 특징

　중국의 음식문화는 불을 발견하고, 소금을 이용하고, 토기, 청동기, 철기 등의 도구를 사용하면서 시작되어 만한전석(滿漢全席)에 도달하기까지 오랜 세월을 거쳐 오늘에 이르렀다. 이 오랜 세월동안 광활한 대륙과 넓은 해양에서 얻은 다양한 산물과 풍부한 해산물을 이용하여 중국의 조리기술을 크게 발달시켰다. 다양한 재료의 이용, 손쉽고 합리적인 조리법, 음식 종류의 다양성, 풍부한 영양, 풍성한 외양 등이 오늘날의 중국요리의 초석이 되었다. 또한 지역별 풍토, 기후, 풍속, 습관이 다양하여 지방색이 두드러진 독특한 지방 요리로 발전시켰다. 이러한 각 지방의 요리는 잦은 민족의 이동과 더불어 한족과 소수민족으로부터 영향을 받아 다민족적인 음식문화를 이루었고 이는 융합과 동화의 산물이라고 할 수 있다. 즉, 언제나 외부의 새로운 것과 상호교류하고, 쉽게 다른 것을 인정하고 수용, 보완하여 일면에서 융합적인 성격이 강하게 나타나지만, 궁극적으로 한족 중심체제로 동화한다는 것이다. 오늘날의 중국조리는 만한전석(滿漢全席)의 다양함과 정묘함에 서구의 합리성과 과학성을 더하여 중국 특유의 조리이론과 조리기술로 발전되어 세계적인 요리로 거듭나고 있다.
중국음식의 일반적인 특징을 살펴보면 다음과 같다.

1) 식재료의 다양성

　중국은 국토 면적이 넓어 산물이 풍부하며, 각 지역마다 기후와 환경이 달라서 재배 되어 지는 농작물과 가축, 가금류, 수산물의 종류가 다양하다. 모든 식재료를 요리에 자유롭게 응용하여 맛이 풍부하고, 같은 종류의 식품이라 할지라도 산지에 따라 질적으로 큰 차이가 있다.

2) 재료 썰기의 합리성

　중국요리에 사용되는 조리기구는 몇 가지가 되지 않아 간단한데, 이는 오랜 역사를 가지고 있는 만큼 수많은 왕조의 교체가 이루어져왔으니, 전쟁의 역사가 반복이 된 가운데 호화스럽거나 사치스러운 조리기구를 사용할 수 없었을 것이다. 그러나 재료를 써는 기술은 매우 발달하여 편(片), 사(絲), 정(丁), 조(條), 괴(塊), 입(粒), 미(米), 용(茸) 등의 여러 형태로 썰며, 크기와 두께를 아주 가지런하고 고르게 썬다. 또한 손재주가 뛰어나 어떤 식품 재료들은 각종 새, 꽃, 동물 등 여러 가지 모양으로 조각하여 재료의 아름다움을 표현하고 음식의 품격을 높이는데 사용한다.

3) 조리방법의 다양성

중국의 조리방법은 사용하는 재료, 재료의 형태, 불의 세기, 조리시간 등 다양한 조건에 따라 조리방법이 달라지기 때문에, 크게 분류하면 몇 십종에 이르며 크게 분류한 각각의 조리방법은 또 여러 가지 작은 유형의 조리법으로 분류된다.

4) 기름의 사용

중국의 조리는 '끓는 기름에 야채를 넣어 데친다'고 할 정도로 기름의 사용량이 많다. 기름을 이용하여 볶거나 튀기거나 고는 조리방법이 많이 있으며, 재료 본래의 식감이나 향, 영양성분을 파괴하지 않고 본연의 풍미와 향미를 끌어내기 위해서는 전처리한 재료를 기름에 넣어 강한 불로 단시간 볶는 방법을 사용한다. 이처럼 중국 요리는 기름의 사용량이 많으며, 똑같은 요리도 불 조절을 얼마만큼 잘하느냐가 중요하다.

5) 전분의 사용

중국 음식의 대다수는 전분을 요리에 첨가하여 수분과 분리되는 것을 방지하고, 보온의 역할을 하게 한다. 이를 통해 음식의 향미와 풍미를 유지할 수 있도록 한다.

6) 요리의 색, 향, 맛, 형

중국요리는 음식의 조화와 균형을 중요하게 여기기에 음식의 색(色), 향(香), 맛(味), 형(形)과 담는 그릇(器)을 매우 시한다.

① 색(色)

색감의 배열에 있어서 주재료의 색과 조미료의 색을 유기적으로 조합하여 조리한 음식의 색 배합의 합리성을 추구한다. 재료가 가진 원래의 색이 선명하고 깨끗한 경우 색이 있는 조미료는 사용하지 않고 주재료 본래의 색을 살려서 조리한다. 또한, 주재료의 색을 부각시키는 대비작용을 이용하여 주재료의 색을 살리기도 한다.

② 향(香)

　중국은 향신료의 종류가 다양하여, 수많은 조리법과 더불어 조미료와 향신료의 첨가로 인하여 더 다양한 요리를 선보일 수 있는 것이다. 향에는 진한 향과 연한 향이 있는데, 주재료가 고유한 향을 가지고 있는 식재료를 사용할 경우에는 연한 향료를 사용하지만, 주재료가 향이 적거나 특유한 냄새를 가진 식재료에는 강한 향료를 사용한다. 또한, 음식마다 겉에서 나는 향과 음식의 내부에서 배어 나오는 향이 있는데, 뜨거운 음식은 그 속에 함유된 향이 열기를 따라서 외부로 발산되고, 냉채는 향료를 많이 넣고 조리하지만 향이 재료 내부로 스며든다.

③ 맛(味)

　맛은 음식의 기본이며 생명이다. 주재료의 독특한 맛과 질감을 잘 조합하여 가장 적절하게 조리하여 서로 다른 맛의 음식을 만들어 낸다(百菜百味).

④ 형(形)

　요리는 눈으로 먹는다고 하여 중국의 식탁은 풍요롭고 외양이 화려하다. 식재료의 형태와 그릇의 선정 및 담는 형태, 조리한 음식을 식탁에 배치하는 조합을 중요시 한다. 화려한 모양을 조각하여 테이블에 올리기도 하고 접시에 식재료로 테마를 구성하기도 하며 요리 구성에도 고전의 이야기를 넣어 식단을 구성하기도 한다. 이러한 것들은 음식을 시각적으로 아름답게 하고, 식욕을 돋구며 전체 분위기를 주도한다.

2. 중국요리의 지역별 특징

 유구한 역사와 광대한 대륙의 기후 풍토와 풍부한 생산물을 가진 중국은 각 지방에 따라 각각 특징 있는 요리가 발달되어 왔다. 이 중국 요리를 지역적으로 분류하면 크게 황하(黃河), 장강(長江), 주강(珠江)을 기준으로 산동요리(山東), 강소요리(淮陽), 사천요리(四川), 광동요리(廣東)의 4대 요리로 나눠볼 수 있다.

 중국 북부를 서에서 동으로 흐르는 중국 제2의 강인 황하(黃河) 중심의 북방지역은 산동요리를 대표로 하고, 중국대륙 중앙부를 횡단하여 중국에서 가장 긴 강으로 양쯔강이라고도 불리는 장강(長江)의 하류는 강소요리를, 장강(長江)의 중상류는 사천요리를, 중국 남부에 있는 주강(珠江) 유역은 광동요리를 그 대표로 한다. 여기에 안휘요리(安徽), 절강요리(浙江), 복건요리(福建), 호남요리(湖南), 를 포함하면 8대 요리가 된다.

1) 산동요리(山東菜, 魯菜, 루차이, lu cai)

　　산동 요리는 북방요리의 대표 요리로 불리우며, 황하 유역 중·하류 및 기타 북방지역과 동북지역에 많이 분포되어 있다. 산동요리는 재료의 선택이 광범위하고, 가축, 해산물, 야채 등의 재료로 폭(爆), 류(熘), 고(烤), 과파(鍋巴), 발사(拔絲), 밀즙(密汁)등의 조리 방법을 즐겨 사용한다. 해산물을 이용한 만든 맑은 국을 강조하고 간장, 마늘, 파 등을 많이 사용하여 맛은 약간 강하고 향기롭다. 또한 맑고(淸) 바삭거리고(脆) 신선하며(鮮) 부드러운 것(嫩)을 중시하여 청취선눈(淸脆鮮嫩)이라 한다. 조리법이 독특하고 다양하며 탕(湯) 제조가 유명한 제남(齊南)요리와 해산물이 유명하며 깨끗하고 신선하며 원래의 맛을 중요시 여기는 교동(膠東)요리로 구성되며 대표적인 요리에는 총소해삼(蔥燒海參: 대파와 해삼 불린 것을 볶아낸 요리), 발사사과(拔絲苹果 : 뜨거운 설탕시럽에 사과를 입혀 낸 요리)등이 있다.

2) 강소요리(淮陽菜, 蘇菜, 수차이, su cai)

　　강소요리는 회양(淮陽: 강소성 양주 지방)요리라고도 하며 양주(揚州), 남경(南京), 진강(鎭江), 소주(蘇州) 등의 지방 음식으로 구성되어 있다. 양주는 수·당나라 이후부터 관리되기 시작하여 장강(長江)과 운하교통의 요충지로, 역대 조운(槽運)의 중심지가 되어 상인이 운집하여 경제가 번영하였다. 요리 사업도 발달하여 먼 곳까지 전파되어 중국 요리계가 공인하는 4대 요리의 하나이다.

　　음식에는 주로 강이나 호수에서 생산되는 민물재료를 많이 사용하고, 조리방법은 돈(燉), 민(燜), 외(煨), 소(燒), 자(煮의) 등 방법을 많이 사용하며, 불의 가감을 중시하고, 써는 법이 발달하여 조각하는 기술로 유명하다. 맛은 진하지 않고 단아하며, 느끼하지 않고 담백하고, 재료가 가지고 있는 본래의 형태와 맛을 중시하여 신선하다. 대표적인 요리로는 해분사자두(蟹紛獅子頭 : 민물게의 껍질을 제거하고 살을 다져 간장을 넣고 전분으로 반죽하여 사자머리와 같이 큰 완자를 만들어 찐 다음 전분을 넣어 걸쭉하게 끓인 소스를 끼얹은 음식)가 있다.

3) 사천요리(四川菜, 川菜, 츄안 차이, chuan cai)

　　사천요리는 역사가 유구하고, 풍미가 독특하여 백가지 음식에 백가지 맛이라는 백채백미(百菜百味) 라는 칭호를 갖고 있으며, '맛하면 사천(味在四川)' 이라는 영예를 얻고 있다. 중원에 위치하여 각 지방의 장점을 취해 그 곳 특유의 조미방식을 사용하여 풍미가 농후한 특색 있는 요리계통을 이루었다. 조미료는 주로 후춧가루, 초피, 고추, 산초, 두반장, 향초 등을 많이 사용하여 맛이 매우 다양하고 진하며 얼얼하고(痲), 맵고(辣), 시고(酸),

향(香)이 독특하여 마랄산향(麻辣酸香)의 대명사라 할 수 있다. 조리방법으로는 적게 끓이고 적게 볶는 소전소초(小煎小炒), 수분과 기름양이 적은 간소간편(干燒干煸)의 조리법을 많이 사용한다. 대표적인 요리로는 마파두부(麻婆豆腐:두부와 갈은 고기를 두반장에 볶은 요리)가 있다.

4) 광동요리(廣東菜, 粤菜, 위에차이 yue cai / 潮州菜, 챠오죠우차이 chao zhou cai)

광동요리는 월채(粤菜), 조주채(潮州菜)라고도 하는데, 광주(廣州), 조주(潮州), 동강(東江) 등의 지방음식들로 이루어져 있으며, 주로 광주 지방의 음식이 광동요리를 대표한다. 광동지역은 중국의 동남 연해에 위치하여 기후가 온화하고 산물이 풍부하다. 따라서 재료의 사용범위가 넓고 기이하여 상어지느러미, 제비집, 녹용 등 특수재료를 이용하고, 재료가 살아서 꿈틀꿈틀 움직이는 신선함을 강조하여 뱀, 너구리, 원숭이 등 야생동물의 날음식을 즐긴다. 또한 조리기술도 다양하여 초(炒), 국(焗), 작(炸) 등의 조리법을 많이 사용하고, 맛은 깨끗하고 담백하면서 시원하고 부드럽다. 근래에는 홍콩의 영향을 받아 서양요리 기술을 흡수 융합하여 선명한 지방 특색과 풍미를 형성하였으며, 중국에서는 요리라 하면 식재광주(食在廣州)라 한다.

5) 안휘요리(安徽菜, 徽菜, 후웨이차이, hui cai)

안휘요리는 연강(沿江), 연회(沿淮), 휘주(徽州) 지방음식으로 구성되어 있으며, 휘주(徽州)지역의 음식이 안휘요리를 대표한다. 주로 이용하는 재료는 산속의 진귀품과 강물의 물고기로 자라, 살쾡이, 비둘기, 꿩, 야생닭, 쏘가리 등 특색이 있으며, 비교적 소박하고 실제적이다. 간소(干燒), 돈(燉), 연훈(煙薰)의 조리법이 뛰어나며, 기름과 간장의 색을 중시하며 맛은 걸쭉하게 조리하여 비교적 짙고 향이 농후하다. 중국 명차 황상모봉(黃上毛峰)과 양자강의 진귀한 특산 준치를 이용한 안휘의 훈제요리가 유명하다.

6) 호남 요리(湖南菜, 湘菜, 샹차이, xiang cai)

호남요리는 장사(長沙), 형양(衡陽), 상담(湘潭)지역의 지방음식으로 구성되어 있으며, 장사(長沙)음식이 호남요리를 대표한다. 호남요리는 지방 색채가 농후하고, 맛이 시큼하고 매운 쪽이 많다. 훈제와 건어물을 만드는 조리방법이 뛰어나며, 칼 사용법이 능란하여 모양과 맛이 모두 훌륭하다. 대표적인 음식으로는 닭고기가 기름지고 연하며 맵고 신선한 향기가 풍기는 동안자계(東安子鷄)와 호남요리에서 이름난 단맛 음식인 빙당상련(氷糖湘連) 등이 있으며 지느러미 요리인 조록어시(組鹿魚翅)와 오리요리가 유명하다.

7) 절강요리(浙江菜, 浙菜, 져차이, zhe cai)

　　절강요리는 항주(抗州), 영파(寧波), 소흥(紹興), 온주(溫州) 네 곳의 맛으로 구성되었으며, 항주요리가 가장 대표적이며 유명하다. 항주요리는 볶고, 튀기고, 끓이는 등의 조리방법이 뛰어나며, 요리가 신선하고 우아하고 정교롭다. 대표 요리인 동파육(東坡肉)은, 유명한 시인이자 문장가이며 서예가인 소동파가 돼지의 삼겹살에 술과 조미료를 넣고 질그릇에서 흐물흐물하게 삶아 즐겨먹었다는 음식으로, 요리의 향기가 순수하고 고기가 기름져 부드럽고 쫀득하며 맛이 좋고 입에 물면 녹는데 전체 모양이 흩어지지 않는다 하여 널리 알려진 요리이다. 영파요리는 해산물 요리가 많으며, 신선하고 짠 맛이 조화를 이룬다. 찌고, 굽고, 삶아서 야들야들하고 부드러우며 매끄럽고, 원래의 맛을 중시하며 색깔이 부드럽고 진하다. 소흥요리는 민물재료와 가축 요리를 사용하여 짙은 향토 맛이 나고, 향기롭고 걸쭉하며 국의 맛이 진하다. 온주요리는 해물 요리가 풍부하여 신선하고 맛이 연하지만 풍만하며 가볍게 튀기고 즙을 내는 기술이 많고 칼 사용에 능숙하다.

8) 복건요리(福建菜, 閩菜, 민차이, min cai)

　　복건요리는 복주(福州), 천주(泉州), 하문(厦門) 등의 지방음식으로 이루어졌으며, 복주요리가 대표한다. 해산물의 조리가 발달하였고, 초(炒), 류(熘), 증(蒸), 외(煨), 자(煮)의 조리방법이 주로 사용되어 음식의 맛이 연하고 맑고, 신선하고, 순수하며 향기롭고 기름지지 않는 특색을 가지고 있다. 대표적인 요리인 불도장(佛跳墻)은 원료 선택이 까다롭고 불조절의 시간에 신경을 많이 쓰는 요리로, 주요 원료는 고기 지느러미, 아가미, 해삼, 버섯, 돼지다리, 닭다리, 햄, 닭 가슴살, 닭뼈, 오리고기, 마른조개 및 향주(香酒)등이다.
　　약한 불로 푹 익히기 때문에 짙은 향기가 사방에 풍기고 맛이 풍부하고 순수하며 부드럽고 연하고 입에서 녹는 등 특색이 있다.

9) 요녕요리(遼寧, 랴오차이, liao cai)

　　만주족의 요리와 동북요리를 토대로 전국 각지의 음식을 형성하였다.
　　한가지 음식에서 여러가지 맛이 나고 맛이 진하다. 달고 짠맛이 강하며, 부드럽고 사각사각하며 기름과 전분을 많이 사용하여 푹 익힌다.

◆ 중국 요리의 기초 조리법

1. 식재료 기본 썰기

식재료를 써는 기술은 음식의 형태, 질감, 외관 등에 크게 영향을 미친다. 써는 방법은 괴(塊), 정(丁), 조(條), 편(片), 사(絲), 입(粒), 말(末), 용(茸), 니(泥) 등으로 다양하다.

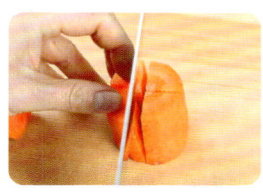 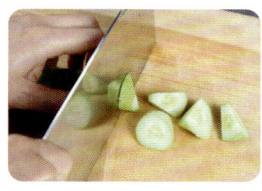 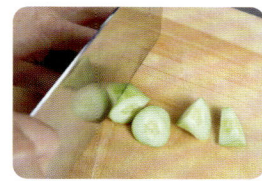 

괴(塊 : 콰이, kuai)

괴(塊)는 2.5cm 정도 크기의 덩어리 형태의 토막으로 자르는 방법이다. 육류, 생선과 같이 뼈가 있거나 질기고 단단한 재료, 또는 덩어리로 잘라 조리를 해야 하는 재료를 정선할 때 사용된다. 오래 동안 끓이는 용도의 조리법에 적당하며, 모양과 크기에 따라서 곤도괴, 능형괴, 와괴, 골패괴, 대방괴, 소방괴, 부두괴 등 다양하게 분류할 수 있다.

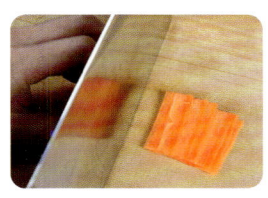 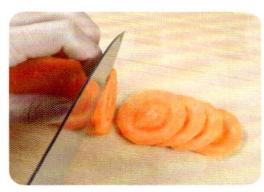 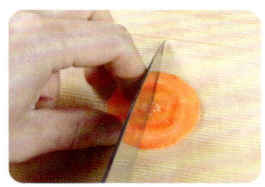

편(片: 피엔, pian)

편(片)은 재료의 두께를 조절하여 직각으로 썰거나, 눕혀 저미는 형태로 얇고 넓게 써는 방법이다.

두께에 따라 0.3cm 이하는 박편(薄片), 0.5cm 이상은 후편(厚片)으로 나뉘며, 길이에 따라 3.3cm 이하는 소편(小片), 6.5cm 이상은 대편(大片)으로 나눌 수 있다. 또한 모양에 따라 지갑편, 유엽편, 상안편, 골패편, 월아편, 소자편으로 구분한다. 어류나 육류, 버섯, 당근, 죽순 등의 재료를 튀김요리나 볶는 요리, 생으로 먹는 요리에 많이 사용된다.

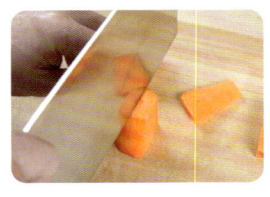 

조(條: 티아오, tiao)

조(條)는 두꺼운 편(片)으로 썬 다음, 다시 3~4cm의 막대 형태로 길게 써는 방법이다. 두께에 따라 0.6~0.7cm 정도를 세조(細條), 0.9~1cm 정도를 조조(組條)로 나눌 수 있다. 주로 돼지고기, 오리, 닭, 어육, 죽순 등과 같이 탄성이 풍부하고 비교적 질긴 재료를 썰어 볶는 요리나, 튀김 요리에 많이 사용된다.

  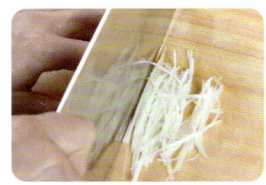

사(絲: 쓰, si)

사(絲)는 편(片)으로 썬 후에, 얇은 편을 여러 장 비스듬히 겹쳐놓고 실처럼 가늘게 써는 방법이다. 조(條)와 비슷하나, 두께가 다르다. 두께가 0.1cm 이하는 극세사(極細絲), 두께 0.1~0.2cm로 실처럼 가늘고 얇게 썬 채를 세사(細絲), 두꺼운 실처럼 조금 굵은 0.3~0.4cm로 썬 채를 조사(粗絲)라고 한다. 돼지고기, 생선 등 탄성이 있는 재료는 밀거나 당겨 썰기를 하고, 무 오이 등 아삭거리는 재료는 수직으로 썬다.

정(丁: ding)

정(丁)은 두꺼운 편(片)으로 썬 후, 조(條)로 썰고, 다시 가로로 썰어 주사위 형태의 모양으로 써는 방법이다. 가로와 세로 1.5cm의 정육면체 크기로, 채소와 육류 어떤 식재료도 가능하며, 다양한 요리에 많이 사용된다.

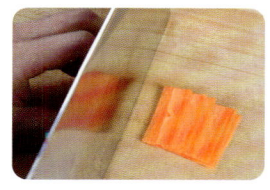   

입(粒: 리, li), 말(末: 모, mo)

입(粒)은 사(絲)로 자른 다음 0.2cm의 쌀알 크기로 써는 방법이다. 말(末)은 입보다 작은 크기로 칼등을 이용하여 잘게 다지는 방법이다. 서양 요리에서의 chop과 같다고 할 수 있으며, 재료를 부드럽게 만드는 작용을 한다. 주로 닭고기, 육류, 햄, 표고버섯, 파, 생강, 마늘등의 재료를 부재료 또는 조미료로 사용할 경우 사용된다.

용(茸 : 롱, rong), 니(泥: 니, ni)

용(茸)과 니(泥)는 말(末)보다 더 작은 형태로 써는 조리법으로, 칼날을 이용하여 고운 가루 형태로 가늘게 다진 것이 용(茸)이고, 칼등을 이용하여 용(茸)보다 잘게 다지는 것이 니(泥)이다. 요리의 점성과 입안에서 느끼는 감촉을 증가시키기 위해 돼지고기, 닭고기, 생선, 새우살 등을 곱게 다지며, 육류의 힘줄과 껍질을 제거하고 칼로 아주 곱게 다지는데, 이 경우에는 일반적으로 용(茸)으로 다진다.

이는 니(泥)는 뭉쳐지고 끈적끈적하여 음식이 깨끗하게 보이지 않고 탕을 끓일 경우에 탕의 색이 맑지 않기 때문이다.

2. 중국요리 기본 조리법

중국요리의 조리방법은 조리 경험과 끊임없는 연구, 과학이 축적되어 그 종류가 매우 다양하며, 지역이 넓고 사물이 많아 지역별로 독특한 조리법이 발달하였다. 명나라의 만력연간(萬曆年間, 1573)의 통계에 따르면 조리방법은 40~50여 가지에 이른다고 할 정도로 매우 다양하다. 음식의 재료와 형태, 불의 세기와 온도, 조리시간, 조리순서 등 여러 가지 조건에 따라 조리방법을 달리 정의하여 그 종류가 수십종에 이른다고 볼 수 있다.

중국의 기본 조리법을 물을 이용한 조리, 기름을 이용한 조리, 기체를 이용한 조리, 복합조리, 냉채 조리로 분류해 보았다.

- 물을 이용한 조리 : 소(燒), 탑(塌), 배(扒), 민(燜), 회(燴), 자(煮), 돈(炖), 외(煨)
- 기름을 이용한 조리 : 초(炒), 폭(爆), 작(炸), 전(煎), 탄(氽), 유침(油浸)
- 기체를 이용한 조리 : 증(蒸), 고(烤)
- 복합적인 조리 : 류(溜), 팽(烹), 발사(撥絲), 밀즙(蜜汁)
- 냉채 조리 : 노(鹵), 장(醬), 창(熗), 반(拌), 엄(腌), 취(醉), 훈(薰), 괘상(掛霜), 동(凍)

1) 소(燒: 샤오, shao)

  소(燒)는 조림에 해당하는 조리법으로, 3단계 과정으로 이루어진다. 1단계는 강불로 가열하는 단계로, 전(煎,지짐) 작(炸,튀김) 편(煸,볶음) 증(蒸,찜), 자(煮,끓임) 등의 조리 방법으로 재료를 절반쯤 익히거나 완전히 익힌다. 2단계는, 조미료와 탕(湯) 또는 물을 넣고 약한 불로 맛이 배도록 조린다. 다음 마지막 3단계는 물전분을 넣고 강한 불에서 전분을 빨리 호화시켜 즙을 걸쭉하게 조리한다.

2) 탑(塌: 타, ta)

  탑(塌)의 조리법은 소(燒)와 거의 비슷하나, 1단계에서 재료를 익힐 때 전분 반죽을 재료에 묻혀서 기름에 볶거나 튀긴다는 점이 다르다. 조리는 과정은 소(燒)와 같으며, 마른 식품을 탕(湯)과 물을 스미게 하여 수분을 흡수한 후, 부드럽게 변하게 하는 것이다.

3) 배(扒: 빠, pa)

  배(扒)의 기본조리법은 소(燒)와 같지만 약한 불로 오래 끓이다가, 마지막이 전분을 엷게 풀어 넣어 조리한다. 완성된 요리는 걸쭉하고, 부드러우며 맛이 매끄럽다. 소(燒)와의 차이점은, 재료를 혼합하지 않고, 요리의 모양새를 흐트러뜨리지 않도록 가지런히 배열하여 아름답고 보기 좋게 담는 것을 강조하는 점이다.

4) 민(燜: 먼, men)

  민(燜)은 물을 매개체로 하여 강불, 약불, 강불 3단계를 거쳐 음식을 조리하는 소(燒)와 과정이 동일하나, 2단계에서 조미료나 향신료와 함께 식재료가 잠길 정도의 물을 붓고 장시간 약한 불로 조리는 것이 소(燒)와의 차이점이다. 장시간 가열하기 때문에 소(燒)의 재료보다 질기고 강한 재료를 사용하며, 재료가 흐물흐물하게 물러져 즙이 짙고 맛이 농후하다.

5) 회(燴: 후웨이, hui)

각종 재료를 잘게 썰어서 혼합한 후, 탕이나 물을 넣고 강한 불로 끓인 다음 중간 불로 단시간 가열하여 국물 절반, 재료가 절반이 되도록 조리하는 방법이다. 가열시간이 짧고 즙이 많아 매끄럽다.

6) 자(煮: 쥬, zhu)

자(煮)는 삶는 조리방법으로, 신선한 동물성 재료를 탕이나 물에 넣고 강한 불로 끓여서 끓기 시작하면 중불이나 약불에서 비교적 장시간 가열하여 조리한다. 탕이나 물의 양은 소(燒)보다 훨씬 많으며, 가열시간은 20분 정도이다. 자(煮)로 조리 시에는 불의 세기, 탕과 재료의 양, 재료의 선택을 주의하여야 한다.

7) 돈(炖: 뚠, dun)

돈(炖)은 자(煮)의 조리법을 변화시켜 응용한 조리법으로, 주재료, 탕, 조미료를 도자기나 질그릇에 함께 넣고 뚜껑을 덮은 후에 중탕하는 입수돈과 찜통에 넣고 증기로 찌는 격수돈이 있다. 질그릇을 사용하기 때문에 자(煮)로 조리하는 것 보다 재료 본질의 맛과 향을 장시간 유지시키며, 탕즙이 맑고 농후하다.

8) 외(煨: 웨이, wei)

외(煨)의 조리법도 자(煮)에 속하는 조리법으로, 중국의 전통적인 외(煨)의 조리법는 주재료에 조미료와 탕을 항아리에 넣고 잘 밀봉하여 잿더미 또는 숯불에 묻어 천천히 가열하여 푹 익히는 것이다. 돈(炖)의 조리법과 매우 유사하지만 가열시간이 돈(炖)보다 아주 길어 보통 2~3시간 이상을 가열하고 심지어는 13~17시간을 가열하기도 한다. 따라서 탕즙 또한 진하고 양이 적어 재료와 탕의 비율은 일반적으로 1:1 또는 1:2 정도이다.

9) 초(炒: 챠오, chao)

초(炒)는 볶는다는 뜻으로, 소량의 기름을 사용하여 강한 불 또는 중불로 단시간 가열하는 조리법이다. 사용되는 재료는 편(片), 정(丁), 사(絲), 조(條), 말(末) 입(粒) 용(茸) 등의 작은 형태로 썰어 단기간에 익힐 수 있도록 한다. 이 조리법은 중국 요리에서 가장 많이 사용하는 조리법 중 하나이다.

10) 폭(爆: 빠오, bao)

　　폭(爆)은 초(炒)와 비슷하게 강한 불로 짧은 시간에 조리하나, 폭(爆)은 먼저 끓는 물에 넣고 익히는 수폭(水爆)과정을 거쳐서 다시 기름에 넣고 볶거나, 잘 부스러지는 재료를 선택하여 조리하기 때문에 재료 자체의 맛이 그대로 살아있어 부드럽고 아삭한 질감을 살리는데 적당하다.

11) 작(炸: 쟈, zha)

　　작(炸)은 재료를 기름에 튀기는 조리법으로, 조리한 음식의 겉은 사각사각하고 잘 부서지며, 속은 부드러운 질감을 갖는 것이 특징이다. 이는, 재료를 160~190℃의 기름에 잠긴 상태로 강불에서 조리하여 재료가 가지고 있는 표면의 수분을 신속하게 증발시켜서 표면을 바삭하게 하고, 속 재료의 고유의 맛을 살릴 수 있는 것이다. 튀기기 전에 밀가루나 달걀 등으로 튀김옷을 만들어 재료를 감싸는 류(溜) 등 다른 조리법과도 함께 사용할 수 있다.

12) 전(煎: 지엔, jian)

　　전(煎)은 예열한 중화팬에 기름을 두르고 재료를 펼쳐놓아 중간 불이나 약한 불에서 양면을 황금색으로 지져서 조리하는 방법이다. 전(煎)은 기름에 재료가 잠기지 않은 상태에서 한 면을 익히고 뒤집어서 다른 면을 익히는 방법으로, 작(炸)의 조리법과 다르다.

13) 탄(汆: 툰, tun)

　　탄(汆)은 팬에 비교적 저온의 기름(140~160℃)을 넣고 중불이나 약불에서 천천히 음식을 조리하는 방법이다. 재료는 기름에 잠겨서 천천히 익게 되어 재료의 표면에 손상이 가지 않으며, 기름의 침투량이 많아서 부드럽고 기름진 맛이 난다.

14) 유침(油浸 : 요우진, you jin)

　　유침(油浸)은 팬에 기름을 많이 넣고 강한 불로 가열하여 기름의 온도가 180~200℃ 정도 되었을 때 재료를 투입하여 바로 불을 끄고 기름의 온도가 100℃ 정도가 되면 꺼내는 조리방법이다. 유침(油浸)에는 주로 생선류를 사용하며, 먼저 조미를 하면 조리할 때는 탈수가 심하게 일어나 재료가 딱딱하게 되므로 조미를 하지 않는다.

15) 증(蒸: 졍, zheng)

증(蒸)은 시루나 찜통에서 재료를 증기로 익히는 조리법으로, 재료의 맛과 수분이 보존되며 질감이 부드럽고 외형의 변화가 없다. 신선한 재료를 선택하고, 가열 전에 먼저 조미를 정확하게 한다. 불의 세기와 가열시간은 음식의 모양과 색, 질감과 밀접한 관계가 있으므로 사용하는 재료에 따라 조절한다.

16) 고(烤: 카오, kao)

고(烤)는 조미한 재료를 불에 직접 굽거나 오븐에 넣어 구워내는 방법으로, 최근에는 원적외선 오븐을 이용한 복사열로 재료를 구워내기도 한다. 고(烤)의 가열과정은 기름에 튀길 때처럼 재료를 탈수하는 과정으로 사각사각하며, 튀김조리보다 향이 더욱 짙다.

17) 류(溜: 류, liu)

류(溜)는 작(炸), 증(蒸), 자(煮) 등의 기본 조리법으로 익힌 재료에 여러 가지 조미료로 만든 걸쭉한 소스를 끼얹는 조리법이다. 재료를 익히는 방법에 따라 분류할 수 있는데, 재료를 튀겨서 사각거리게 한 다음 특수한 소스를 배합하는 작류(炸溜), 찌거나 삶아서 재료를 익힌 후 소스를 끼얹는 증류(蒸溜)나 자류(煮溜), 재료를 저온의 기름에 데친 후 소스를 끼얹는 활류(滑溜) 등이 있다. 류(溜)로 조리한 음식은 보통 3~4가지 이상의 복합적인 맛이 난다.

18) 팽(烹: 펑, peng)

팽(烹)은 재료를 작은 괴(塊) 형태로 썰어서 작(炸), 전(煎), 편(煸)의 기본 조리법으로 익힌 후, 양념된 국물을 끼얹어 조리하는 방법이다.

류(溜)와 조리과정이 비슷하나, 류(溜)는 다양한 기본조리법을 사용하고, 재료를 썰기도 하고 썰지 않고 통째로 사용하기도 한다. 또한 국물은 팽(烹)은 청탕을 사용하는데, 류(溜)는 대부분 전분을 넣어 만든 소스를 사용한다. 따라서 팽(烹)으로 조리한 음식은 파삭파삭하고, 향이 강하고 맛이 짙으나, 류(溜)로 조리한 음식은 향이 강하면서 사각사각한 것도 있고, 연하면서 부드러운 것도 있고 맛의 종류가 다양하다.

19) 발사(撥絲: 빠쓰, ba si)

발사(撥絲)는 재료를 썰어 기름에 튀긴 후에 설탕을 끓인 시럽을 튀긴 재료에 부어 가는 실처럼 설탕이 늘어지도록 조리하는 조리법이다. 설탕과 물(기름)의 배합비, 설탕의 교반, 불의 조절 등에 의해 좌우된다.

20) 밀즙(蜜汁: 미즈, mi zhi)

밀즙(蜜汁)은 재료를 증(蒸,) 소(燒,) 민(燜)으로 조리한 후, 설탕을 끓인 시럽을 농축하여 재료에 입혀서 투명하면서 광채가 나게 조리하는 방법이다.

21) 노(鹵 : 루, lu), 장(醬: 지앙, jiang)

냉채는 차게 식혀서 내는 조리법으로, 끓여서 조리하는 방법(자소류, 煮燒類) 중 하나로 노(鹵)와 장(醬)이 있다. 노(鹵)는 노즙(鹵汁:익힌 재료에 탕과 여러 가지 조미료를 넣고 조리할 때 생기는 간이 된 국물)에 재료를 넣고 강한 불로 가열하여 끓이고, 끓게 되면 약한 불로 재료가 물러질 때 까지 가열하여 조미료가 재료에 스미도록 삶는 조리법이다.

장(醬)은 조미즙으로 배합한 원료를 강한 불로 끓이다가 약한 조절하여 오랫동안 가열한 후 걸쭉하게 농축된 노즙을 재료 표면에 균일하게 끼얹으면서 가열하여 맛과 색이 스며들게 하는 조리법이다.

22) 창반류(熗拌類: 치앙빤레이, qiang ban lei)

창반류(熗拌類)는 가늘고 길게 채를 썰거나 얇은 편으로 썬 재료를 물에 데치거나 기름에 볶은 다음(창, 熗), 재료를 꺼내어 조미료를 넣고 무쳐서(반, 拌) 만드는 조리법이다.

과일이나 채소류는 가열과정을 거치지 않고 바로 썰어 조미료로 무치며, 동물성 식재료는 물러지도록 익힌 후 조미료를 넣어 무친다. 창반류는 시원하면서 부드럽고 맑고 담백한 맛이 특징이므로 조미는 가볍게 한다.

23) 엄제류(腌制類 : 엔즈레이, yan zhi lei)

엄제류(腌制類)는 냉채를 조리할 때 재료를 조미료에 침지하거나 잘 섞어서 재료 중의 수분과 나쁜 맛은 제거하고, 재료에 맛이 스며들게 하여 재료 본래의 질감과 풍미를 갖도록 조리하는 방법이다. 주로 사용되는 조미료는 소금이며, 엄제류는 염엄(鹽腌), 엄풍(腌風), 엄랍(腌臘), 엄반(腌拌), 엄포(腌泡) 5종류가 있다. 엄포(腌泡)는 다시 조엄(糟腌), 취(醉) 등으로 세분된다.

24) 조엄(糟腌: 짜오엔, zao yan), 취(醉: 쮸이, zui)

조엄(糟腌)과 취(醉)는 재료를 먼저 소금에 절여 탈수시킨 후, 다양한 맛이 나는 노즙에 담가 절이는 엄포(腌泡)의 종류 중 하나이다. 조엄(糟腌)은 술 또는 술지게미로 만든 노즙에 절이거나, 적시거나, 침전시켜 독특한 술의 향기와 노즙의 향이 재료에 스며들게 하는 조리법이다. 취(醉)는 재료를 술과 소금을 사용한 노즙에 푹 담그거나 적셔서 절이는 조리방법으로 재료는 해산물, 가금류 혹은 채소, 조개류이고 술은 백주와 과일주를 사용한다. 향긋한 술 냄새와 진한 맛이 나며 재료 본래의 맛과 색이 유지되고 육질이 신선하면서 아름답다.

25) 훈(薰: 쉰, xun)

훈(薰)은 재료를 밀봉된 용기 안에 넣고, 불완전 연소로 생기는 연기로 익혀 훈제하는 조리방법이다. 훈제한 식품은 탈수되어 건조하게 되고, 연기 중에 함유된 페놀, 초산, 포름알데히드 등의 물질이 재료에 스며들어 미생물의 번식을 억제하므로 생선이나 고기를 장기 저장할 수 있다.

26) 괘상(掛霜: 꽈슈앙, gua shuang)

괘상(掛霜)은 단맛을 내는 당점류를 이용하여 냉채를 만드는 방법으로, 재료를 기름에 튀긴 후, 설탕을 끓여 재료의 표면에 한 겹의 설탕층을 입히는 방법이다. 설탕이 완전히 용해되었을 때 재료를 넣고 교반하여 냉각시키면 재료 표면에 설탕이 응결되어 서리가 내린 것처럼 하얀색으로 입혀진다.

27) 동제류(凍制類 : 똥즈레이, dong zhi lei)

동제류(凍制類)는 가열한 재료에 젤라틴이나 한천의 즙액을 입히고 냉각, 동결시켜 만드는 조리방법으로, 응고 원리를 이용하여 특수한 맛과 색, 형태와 질감을 갖는다. 일반적으로 단 음식이나 간식에 이용한다.

◆ 중국 요리의 도구

중국에서 조리에 이용되어지는 칼은 투박한 생김새와 달리 사용되어지는 용도는 상당히 다양함을 볼 수 있다. 중국 음식에 사용되어지는 칼은 넓고 묵직해 보이지만 손에 익으면 속도도 빠르고 야채의 손상도 작으며 편리하다.

채도 (菜刀, cai dao)
야채와 같은 재질이 연하고 부드러운 식재료를 자르거나 썰 때 사용하는 도구이다.

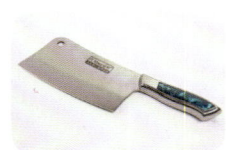

斬刀 (zhan dao)
육류나 뼈가 있는 식재료를 자르는 데 사용되어지는 칼이다.

숫돌 (磨刀石, mo dao shi)
숫돌은 칼을 날카롭고 잘 절단할 수 있도록 연마할 때 사용되어지는 도구이다.

削皮刀 (xiao pi dao)
야채의 껍질을 벗길 때 사용되어지는 도구이다.

계량 숟가락 (量勺, liang shao)
계량 숟가락은 소금, 설탕 등의 조미료나 소스의 양을 정확하게 계량하여 사용할 때 편리하게 사용되는 도구이다.

밀대 (面杖, mian zhang)
밀가루를 밀어 반죽을 만들 때 사용되어지는 도구로 딤섬과 같은 요리를 만들 때 이용된다.

耳锅 (er guo)
  손잡이가 두 개 달린 팬으로 중국의 남쪽 지방인 광동, 홍콩 등에서 많이 사용되어지는 팬이다. 중국의 팬은 움푹하게 파여 있어 튀기거나 볶거나 삶기, 끓이기 등을 하나의 팬에서 모두 사용할 수 있기 때문에 요리사에 상당히 빠르고 합리적이다.

炒锅 (chao guo)
  손잡이 막대가 하나 달린 것으로 중국의 북쪽 지방에서 많이 사용되어지는 팬이다. 특히 우리나라의 중국음식이 전파된 곳이 산동성에서 이주한 화교들이 많은 관계로 우리나라에서 중국 음식점에서 요리시에 사용되는 중국팬은 모두가 이 편수팬을 사용하여 음식을 조리한다.

국자 (勺子, sháozi)
  국자는 둥근 갈고리 모양에 긴 손잡이로 되어 있으며, 보통 길이는 30cm 정도이다. 조리과정 중에 재료를 넣고, 냄비에 있는 음식을 뒤집고, 완성된 요리를 그릇에 담는 등 용도가 매우 다양하다. 특히 손을 다치는 것을 방지할 수 있어서 합리적으로 요리를 할 수 있게 된다. 용도에 따라 구멍이 뚫려있거나, 주둥이가 넓거나, 뒤집게 형태를 가지고 있는 것도 있다.

구멍국자 (漏勺, lòusháo)
  구멍국자는 20~26cm 정도의 직경에 5mm 정도의 작은 구멍이 뚫려 있는 조리도구이다. 재질은 주로 스테인레스 스틸 또는 알루미늄이며, 긴 나무 손잡이가 있다. 기름을 여과하거나 기름이나 물에서 재료를 건질 때 사용한다.

여과망 (筛网, shāi wǎng)
  그물망의 형태로 팬에서 삶거나 데치거나 튀긴 재료를 건져낼 때 사용하는 도구이며, 구멍의 크기가 여러 종류가 있다.

찜통 (蒸笼, zhēng lóng)
　음식을 찔 때 사용하는 조리기구로, 주로 대나무 또는 나무로 만들어졌으며 물을 끓여서 위에 올려 사용하고, 1인분 용량에서 대용량까지 종류가 다양하다. 딤섬이나 만두를 찔 때 사용된다.

솔 (刷子, shua zi)
　솔은 팬에 음식을 조리한 다음 물을 넣고 씻어낼 때 사용되어지는 도구로, 대나무로 된 재질이 많다. 화덕 앞에 물이 나오는 설비가 있어서 바로 물로 세척 가능하고, 세척하는 공간이 따로 필요하지 않다는 장점이 있으나, 솔의 대나무가 빠질 수 있으므로 주의를 기울여야 한다.

기름통 (油桶, you tong)
　기름을 담아 놓을 수 있는 기구로, 그물망을 위에 걸쳐 올려놓고 기름에 튀긴 재료를 담아 기름을 제거하는 용도로 사용한다.

제면기 (面机, mian ji)
　제면기는 밀가루를 반죽해서 평평하게 롤러로 밀어 국수 가닥을 뽑아낼 때 사용하는 기계로, 사용 시 손을 다치지 않도록 주의하여야 한다.

중화렌지
　중국음식에서는 불의 세기와 조절이 중요하다. 불의 기운을 얼마나 잘 조절하고 장악하느냐에 음식의 맛이 좌우된다고 할 수 있다. 화덕이라 부르는 중화렌지는 일반적으로 조작법이나 크기 형태가 조금씩 다르지만 강한 불을 사용한다는 점은 같다고 할 수 있다. 이곳에서는 딤섬을 제외하고는 소스 만들기, 끓이기, 튀기기, 삶기, 데치기 등의 대부분의 요리가 탄생한다. 이 화덕에는 물이 앞에서 뒤쪽으로 화덕을 감싸고 항상 흐르도록 설계되어 있어 요리 시에 항상 깨끗하게 청결을 유지하고 강한 온도에서 조리를 할 수 있도록 한다. 화덕앞에는 육수통과 물통을 놓아 요리시 사용이 편리하게 하고, 옆에는 기름통과 그물망을 두고 튀김하여 바로 건질 수 있도록 준비되며 양념통을 준비하여 바로 양념을 첨가하여 빠르게 요리를 만들 수 있도록 한다.

◆ 중국 요리의 식재료

1. 채소류

가지 (茄子, qiézi)

가지는 크기와 색상이 다양하며, 형태에 따라 원통형으로 긴 장가지형, 동그란 모양의 구형, 긴 달걀모양의 장란형 등이 있다. 색상도 흑자색, 백색, 황색, 연보라색, 주황색, 녹색, 줄무늬 녹색 등 여러 가지가 있다. 가지에는 폴리페놀 성분이 많아 항암효과가 있으며, 식이섬유가 많아 변비예방에 좋고, 기름을 잘 흡수하기 때문에 혈관의 노폐물을 분해하여 동맥경화 예방에 효과가 있다. 조리 시에는 한 번 데치거나 기름에 튀겨서 양념하여 사용한다.

고추 (辣椒, la jiao)

고추는 약 2천여년 전부터 식용으로 사용되었으며 비타민 C의 함량이 많은 재료로, 특히 사천요리에 말린 고추가 많이 사용된다. 또한 고추를 기름에 볶은 고추기름을 조미료로도 많이 사용하나, 매운맛이 강하여 요리에 한정되어 이용된다.

당근 (胡萝卜, hu luo bo)

　당근은 식감이 아삭하고 영양 성분이 많아 신선하게 먹기도 하고 볶아서 먹기도 한다. 기름을 이용한 조리에서는 당근의 지용성 비타민이 잘 용해되어 흡수율이 높아진다. 이밖에 요리를 돋보이게 조각으로 만들어서 장식으로 사용하기도 한다.

마늘 (蒜, suan)

　마늘은 중앙아시아가 원산인 백합과 중 가장 매운 식물로, 100가지 이로움이 있다하여 일해백리(一害百利)라고 부른다. 비타민이 풍부하고 칼슘이나 철분, 알라신 등의 다양한 영양소가 함유되어 있다. 몸을 따뜻하게 하고 콜레스테롤 수치를 낮추어 동맥경화 예방에 좋으며, 원기를 보강하는 강장제의 효능이 있다.

부추 (韭菜, jiu cai)

　부추는 선명한 초록색을 띠며 독특한 냄새가 있고, 매운맛이 약간 있다. 혈액순환에 좋은 부추는 중국에서는 햇볕을 차단하여 노랗게 만들어 먹는다. 그 맛은 상당히 산뜻하고, 식감이 부드럽다. 또한 딤섬에도 많이 이용되고 볶아서 먹기도 한다.

브로콜리 (西兰花, xi lan hua)

　브로콜리는 항암효과, 노화방지, 피부미용에 효능이 있다. 중국의 홍콩이나 광동요리에 데치거나 볶은 후 곁들여서 많이 사용되며, 한 개씩 한 입 크기로 잘라 사용한다.

셀러리 (芹菜, xi jin)

　셀러리는 미나리과의 식물로, 전체에 향기가 있어 연한 잎과 줄기를 사용하는 서양요리의 대표적 재료이다. 중국에는 서양요리가 융합되는 과정에서 중국의 식재료와 같이 사용되고 있으며 신강요리에 많이 사용된다.

생강 (姜, jiang)
　중국의 기록에 의하면 생각은 2,500여년 전에 사천성에서 생산되었다고 한다. 쓴맛과 매운맛을 지니고 있어 향신료로 사용되어 조리 시 고기의 누린 냄새와 잡냄새를 제거하고, 음식에 향을 낸다. 또한 약리작용에 효과가 있어 약재로도 사용되어 왔다. 우리나라에서 마늘을 많이 사용하듯이 중국에서는 생강을 많이 사용한다고 볼 수 있다.

양상추 (洋生菜, yang sheng cai)
　양상추는 아삭한 식감이 좋은 장점을 가지고 있으며, 손으로 찢어서 차가운 물에 담가두었다가 샐러드로 만들면 아삭한 식감을 제대로 즐길 수 있다. 또한 중국요리에서는 양상추를 데치거나 찌거나 볶아서 다양한 요리에 사용하기도 한다.

양송이버섯 (洋蘑菇, yang mo gu)
　양송이버섯은 버섯 중에 단백질 함량이 가장 많고 식이섬유소가 풍부하며 칼로리가 낮은 식품이다. 갓이 너무 피지 않고 갓 주변과 자루를 결합시키는 피막이 터지지 않은 것이 좋으며, 보관할 때에는 신문지에 싸서 습기를 제거하고 냉장고에 넣어 보관한다. 볶음요리나 소스에 많이 사용하며, 꼭지를 제거하고 썰어서 요리의 종류에 알맞게 사용한다.

양파 (洋葱, yang cong)
　양파는 중국요리에 많이 사용되는 재료로, 볶음요리에 양파를 넣으면 매운맛은 줄어들고 단맛이 강해진다.

오이 (黃瓜, huang gua)
　오이는 황과라고 하며, 표면에 가시를 제거한 후 세척하여 채로 썰거나 막대 형태로 잘라서 냉채요리나 반찬으로 사용한다. 또한 볶음요리나 탕에 넣어 먹는 등 다양하게 이용한다.

죽순 (竹笋, zhu sun)

죽순은 대나무의 땅속줄기 마디에서 돋아나는 어린순으로, 봄에 채취하여 사용하며 식용 약용으로 사용되고 있다. 죽순을 전처리할 때는 쌀뜨물에 담가 죽순의 여러 영양성분이 산화되는 것을 방지하며, 쌀겨 안에 있는 효소의 작용으로 죽순이 부드럽게 되어 맛이 훨씬 좋아진다. 볶음 요리나 탕요리에 주로 사용되며, 삶아서 말린 후 나물로 먹기도 한다. 죽순은 성장 중인 어린 식물이므로 수확 후에 되도록 빨리 조리하거나 가공하는 것이 좋다.

파 (葱, cong)

파는 서양에서는 사용량이 많지 않으나 동양권에서는 많이 사용되어진다. 특히 중국요리에서는 파의 향을 이용한 요리가 많아서 파란색과 흰색 부분을 모두 사용한다. 또한 파를 기름에 튀겨 그 기름으로 요리를 볶는 데 사용하여 향을 더하기도 한다.

팽이버섯 (金针菇, jin zhen gu)

송이과 버섯의 일종으로 활엽수의 고목줄기나 그루터기에 기생하며 희미한 황갈색이다. 시판되는 것은 인공으로 균상재배 되는 것이 많은데, 나무재배의 것과 균상재배의 것은 형태가 전혀 다르다. 균상재배하면 갓이 열려있지 않고 자루는 길며 백색이나 크림색이다. 가공품에는 삶은 것과 조미한 통조림이 있으며, 담자균류에 속하는 버섯차를 담그는 원료가 된다.

표고버섯 (香菇, xiang gu)

표고버섯은 느타리과 버섯의 일종으로, 활엽수의 마른 나무에 발생한다. 중국요리에서는 신선한 표고버섯과 말린 표고버섯 두 가지를 다 사용하며, 말린 것은 물에 불려 사용한다. 조리 시에는 꼭지를 제거하고 물에 한번 데쳐서 칼로 저며 사용하거나 채를 썰어 사용하는데, 신선한 표고버섯은 향이 좋으나 자를 때 힘이 들고 모양이 좋지 않은 단점이 있다.

피망 (靑椒, qing jiao)

피망은 아삭한 질감과 색감을 표현할 때 사용하는 재료로, 비타민의 함량이 많다. 고추와는 다르게 피망은 매운맛이 적어 어떤 요리에도 사용이 가능하다.

호박 (南瓜, nánguā)

호박은 남과라고하며 1년생으로 온대 또는 열대의 고온다습지대에서도 재배된다. 식감이 좋고 값도 저렴하여 중국 요리에 많이 사용된다.

2. 소스류

고추마늘 소스 (辣椒酱, la jiao jiang)

고추와 마늘을 주원료로 사용한 소스로 육류, 해물 등의 볶음 요리나 튀김요리 등을 찍어 먹는다. 매콤한 맛과 향이 특징이며, 마늘이 들어가 있어 조리 중 마늘을 따로 넣지 않아도 되고 생선조림이나 구이에 사용하면 비린내를 줄여준다. 한식의 김치찌개나 김치전골 등 김치가 들어가는 요리에도 잘 어울리는 소스이다.

굴소스 (蚝油, hao you)

굴을 발효시켜 만든 중국의 대표적인 소스로, 중국의 광동성이나 복건성 일대에서 많이 생산된다. 짠맛, 단맛, 굴의 지미가 조화를 이루어 감칠맛을 내며, 색은 진한 갈색을 띠고 있으며 요리에 윤기를 더해준다. 신선한 향이 있어 육류를 재울 때 사용하면 잡내를 잡아주는 기능도 하며, 육류나 채소를 볶을 때 간장 대용으로 사용한다. 또한 볶음요리 뿐만 아니라 조림, 찜, 구이 등 다양한 요리에 사용할 수 있다.

노두유 (老抽, lao chou)
중국의 전통간장으로 음식의 색을 내기 위해 사용된다. 굴소스와 비슷하지만 짙은 색을 띠며, 맛은 진하고 농도가 있고 단맛이 있는 것이 특징이다. 찜이나 볶음요리에 이용된다.

닭요리소스 (鸡汁, ji zhi)
간장 베이스의 단맛을 가진 소스로, 주로 조림용으로 많이 쓰이며 음식에 윤기를 더해 준다. 육류를 재울 때 사용하면 비린내를 없애고, 닭고기 이외에 두부, 생선조림 등에도 사용하며, 볶음 요리나 국수, 밥 등의 양념장으로 사용한다.

두반장 (豆瓣酱, dou ban jiang)
두반장은 사천요리에서 가장 많이 사용되어지는 양념으로, 빨간고추, 소금, 그리고 발효시킨 잠두를 발효 및 숙성하여 만든다. 색은 검붉은색이며 걸쭉하고 짠맛, 매운 정도, 풍미가 매우 강한 장이다. 시간이 지나면 고추의 매운맛이 누그러져서 오래 묵힌 장일수록 덜 매우나, 더욱 복합적인 맛을 지니게 된다. 일반적으로 볶는 요리에 많이 사용하며 매콤하면서 부드럽고 복합적인 맛이 고기와 잘 어울린다. 그러나 한국인들의 좋아하는 매운맛과 향은 사천지방의 매운맛과는 차이가 있으므로 이점을 주의해야 한다.

마늘콩소스 (豆豉酱, dou chi jiang)
마늘과 발효시킨 콩을 으깬 후 갖은 양념을 섞어 만든 소스이다. 발효콩의 진하고 고소한 맛이 특징이며, 육류 및 생선의 찜요리 또는 볶음요리에 사용하면 비린내를 없앨 수 있다.

매실소스 (梅實腸: mai shi jiang)
매실을 주원료로 사용하여 달콤하고 상큼한 맛을 내는 소스이다. 튀김요리 등을 찍어 먹기에 좋다.

바비큐소스 (烤肉酱, kao rou jiang)
달콤한 맛과 향을 갖는 소스이다. 소고기, 돼지고기 등을 재우거나 양념장으로 발라서 구이 요리에 사용한다.

칠리소스 (干烧汁, gan shao zhi)
고추와 마늘이 배합되어 있어 느끼하지 않고 매콤 달콤 상큼한 맛의 소스이다. 볶음요리에 주로 쓰이며, 대표적인 요리로 새우튀김과 칠리소스가 버무려져 고소하고 매콤한 깐소새우가 있다.

탕수육 소스 (酸甜醬, suan tian jiang)

탕수육 소스는 설탕, 식초, 간장, 물을 기본으로 새콤달콤한 맛을 낸 소스이다. 여기에 대파, 생강, 양파, 레몬 등으로 향을 내고, 기호에 따라 파인애플, 토마토, 오이, 당근을 넣어 상큼하게 튀김 요리와 곁들어 먹기에 적합하다.

해선장 (海鮮醬: hai xian jang)

해선장은 두반장, 춘장, 라조장과 함께 중국요리에 사용되는 대표적인 소스로, 해선(海鮮)의 광동어로 발음인 호이신(Hoisin)이라고도 부른다. 해선장은 콩, 마늘, 향신료를 넣어 만든 걸쭉한 소스로, 대두를 발효시켜 만든다는 점에서 춘장과 유사하지만, 마늘, 식초, 고추가 들어가서 춘장보다 톡 쏘는 맛이 적다. 또한 짠맛과 단맛이 강하며 특유의 고소하면서도 독특한 향을 내기 때문에, 요리에 향을 더하거나, 구이용 소스, 찍어 먹는 소스, 마리네이드 등 다양하게 이용된다. 대표적인 요리로 베이징덕에 곁들여진다.

X.O 소스

XO 소스는 1980년대 홍콩에서 개발되었으며, 광동의 최고급 레스토랑에서 처음 만들어진 프리미엄 소스이다. 말린 가리비, 기름, 고추, 마늘이 주재료이며, 말린 새우, 햄, 절인 생선 등을 넣기도 한다. 간단하게 먹는 것이 좋아 주로 딤섬에 찍어 먹는 소스로 곁들어 먹으며, 국수를 버무려 먹거나, 신선한 해산물 요리에 토핑으로 얹어 먹기도 한다.

3. 기타류

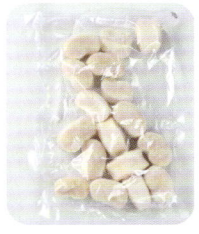

관자 (帶子)

조개 내부에 안쪽에 붙어있는 근육으로, 키조개의 관자는 일반 관자보다 크며 단단하고 질기다. 조리 시에는 이물질과 모래 등을 제거하고 사용하며, 고급 요리에 많이 이용된다.

시미로 (西米露, xi mi ru)

사고야자나무의 전분으로 건조시켜 알갱이 형태로 만든 것으로 사용 시에는 뜨거운 물에 데쳐 찬물에 식히면 투명한 상태로 후식의 고명으로 사용하면 좋다.

누룽지 (锅巴, guo ba)
　찹쌀로 만드는데, 팬의 기름 온도가 160~170℃가 되면 바삭하게 튀겨서 기름을 제거하고 요리에 함께 사용한다. 대표적인 요리로는 구수하게 튀긴 누룽지에 갖은 해물과 채소를 볶아서 걸쭉하게 끓인 소스를 부어 먹는 싼셴꿔바(三鮮鍋巴)가 있다.

땅콩 (花生, hua sheng)
　남아메리카 열대지방이 원산지인 땅콩은 인도, 중국, 서아프리카와 미국이 무역량이 가장 많다. 땅콩은 익혀서 먹기도 좋지만 중국에서는 반찬용으로 삶아서 먹기도 하고, 땅콩고기볶음(宮爆肉丁)과 같이 요리의 재료로 넣어 먹기도 한다.

소다 (苏打, su da)
　중국의 토양과 물은 산성에 가깝기에 알칼리 성분의 탄산나트륨(Na_2CO_3)을 면 반죽 시 첨가하여 중화시킨다. 또한 연육제로 사용하여 고기를 부드럽게 하는 데 사용된다.

오향 (五香, wu xiang)
　오향은 중국을 대표하는 향신료로, 한 그루에 5개의 뿌리가 있고, 하나의 줄기에 5개의 가지가 있으며, 하나의 가지에 5개의 잎이 있고, 잎 사이마다 5개의 마디가 있어 오향(五香)이라고 한다. 우리나라에서는 국화과의 목향(Aucklandia lappa Decne.)의 뿌리를 말한다. 일반적으로 오향은 '산초', '팔각', '회향', '정향', '계피' 다섯 가지의 향이 있으며, 고기의 누린 맛을 제거할 때, 차가운 냉채 요리 등 다양한 중국음식에 두루두루 사용된다.

작채 (榨菜, zha cai)
　작채는 갓에 고추·향료 등을 넣어 만든 절임 장아찌로 우리나라의 김치와 같은 역할을 한다. 중국에서는 이것의 짠맛을 제거하고 고기와 같이 볶거나 죽이나 만터우(饅頭, 만두)와 같이 먹는다.

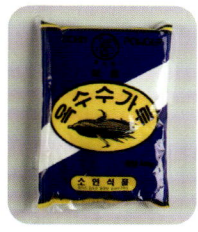

전분 (淀粉, dian fen)
　전분은 부드러운 분말로 이루어져 있으며, 감자전분과 옥수수전분을 주로 사용한다. 동량의 물에 풀어서 요리의 농도에 맞출 때 사용하며, 특히 소스가 있는 뜨거운 요리를 만들 때 반드시 첨가된다. 또한 기름을 많이 사용하는 중국요리에서 요리와 기름 사이에 분리되는 것을 방지하기도 하고 요리의 온도를 유지시켜준다.

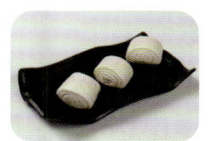

화권 (花卷, hua juan)
　화권은 밀가루를 반죽하여 층과 층 사이에 기름이나 양념을 바른 찐빵으로 꽃빵이라 불리는데, 모양이 특이하며 단독으로 먹기보다는 요리와 같이 뜨거울 때 곁들여 먹는 데 사용된다.

4. 기타 식재료 용어

간장 酱油(jiang you)	시금치 菠菜(bo cai)	아스파라거스 芦笋(lu sun)
계란 鸡蛋(ji dan)	소금 盐(yan)	양고기 羊肉(yang rou)
겨자 芥末(jie mo)	소라 海螺(hai luo)	완두콩 豌豆(wan dou)
고구마 地瓜(di gua)	식용유 油(you)	조기 黄鱼(huang yu)
고추 辣椒(la jiao)	식초 醋(cu)	조미료 味精(wei jing)
고추기름 辣油(la you)	설탕 糖(tang)	참기름 香油(xiang you)
두부 豆腐(dou fu)	새우 虾(xia)	청경채 青根菜(qing gen cai)
당근 红萝卜(hong luo bo)	셀러리 洋芹(yang qin)	후추 糊椒粉(hu jiao fen)
닭 鸡(ji)	쇠고기 牛肉(yang rou)	해삼 海滲(hai shen)
돼지고기 猪肉(zhu rou)	술 酒(jiu)	해파리 海蜇(hai zhe)
밀가루 面粉(mian fen)	오리고기 鸭肉(ya rou)	케첩 番茄酱(fan qie jiang)
무 萝卜(luo bo)	오이 黄瓜(huang gua)	땅콩 花生米(hua sheng mi)
목이버섯 黑蘑耳(hei mo er)	오징어 鱿鱼(you yu)	
배추 白菜(bai cai)	옥수수 玉米(yu mi)	

제 2 장
중식 조리기능사 실기 20품목

튀김조리　38
조림조리　44
　밥조리　48
　면조리　50
냉채조리　54
볶음조리　58
후식조리　74

중식 튀김조리
탕수육
(糖醋肉 - 탕 추우 러우)

이 요리는 굴욕의 요리라고도 함. 중국 패전 후 영국인 입맛을 맞추기 위해 만든 음식이 새콤달콤한 탕수육 이라는 설이 있다.

시험시간 30분

요구사항
※ 주어진 재료를 사용하여 탕수육을 만드시오.
  가. 돼지고기는 길이 4cm, 두께 1cm의 긴 사각형 크기로 써시오.
  나. 채소는 편으로 써시오.
  다. 앙금녹말을 만들어 사용하시오.
  라. 소스는 달콤하고 새콤한 맛이 나도록 만들어 돼지고기에 버무려 내시오.

수험자 유의사항
1) 만드는 순서에 유의하며, 위생과 숙련된 기능평가를 위하여 조리작업 시 맛을 보지 않습니다.
2) 지정된 수험자지참준비물 이외의 조리기구나 재료를 시험장내에 지참할 수 없습니다.
3) 지급재료는 시험 전 확인하여 이상이 있을 경우 시험위원으로부터 조치를 받고 시험 중에는 재료의 교환 및 추가지급은 하지 않습니다.
4) 요구사항 및 지급재료의 규격은 "정도"의 의미를 포함하며, 재료의 크기에 따라 가감하여 채점됩니다.
5) 위생복, 위생모, 앞치마, 마스크를 착용하여야 하며, 시험장비·조리기구 취급 등 안전에 유의합니다.
6) 다음 사항은 실격에 해당하여 채점 대상에서 제외됩니다.
  가) 수험자 본인이 시험 도중 시험에 대한 포기 의사를 표현하는 경우
  나) 위생복, 위생모, 앞치마, 마스크를 착용하지 않은 경우
  다) 시험시간 내에 과제 두 가지를 제출하지 못한 경우
  라) 문제의 요구사항대로 과제의 수량이 만들어지지 않은 경우
  마) 완성품을 요구사항의 과제(요리)가 아닌 다른 요리(예, 달걀말이→달걀찜)로 만든 경우
  바) 불을 사용하여 만든 조리작품이 작품특성에 벗어나는 정도로 타거나 익지 않은 경우
  사) 해당과제의 지급재료 이외 재료를 사용하거나, 요구사항의 조리기구(석쇠 등)로 완성품을 조리하지 않은 경우
  아) 지정된 수험자지참준비물 이외의 조리기술에 영향을 줄 수 있는 기구를 사용한 경우
  자) 가스레인지 화구 2개 이상(2개 포함) 사용한 경우
  차) 시험 중 시설·장비(칼, 가스레인지 등) 사용 시 시험위원 및 타수험자의 시험 진행에 위해를 일으킬 것으로 시험위원 전원이 합의하여 판단한 경우
  카) 요구사항에 표시된 실격 및 부정행위에 해당하는 경우
7) 항목별 배점은 위생상태 및 안전관리 5점, 조리기술 30점, 작품의 평가 15점입니다.
8) 시험시작 전 가벼운 몸 풀기(스트레칭) 동작으로 긴장을 풀고 시험을 시작합니다.

만드는 법

1. 대파(심지 제거), 양파, 당근: 4cm 정도 편 썰기
오이: 소금으로 문질러 4cm 정도 편 썰기
목이: 물에 불려서 손으로 뜯어 놓기

2. 완두콩: 데치기 ➡ 찬물

3. 돼지 고기 4cm×1cm 썰어 ➡ 간장, 청주

4. 소스용 전분: 물녹말 (1 : 1)
고기 반죽: 앙금 녹말

5. 돼지고기 + 달걀 + 앙금 녹말 ➡ 1차 튀김(160℃ 약불) ➡ 뜨면 뒤집어서 붙은 것 떼어내기 ➡ 2차 튀김 (170℃ 바삭하게 튀기기)

6. 팬에 기름 1T ➡ 대파 ➡ 간장, 청주 ➡ 양파, 당근, 목이 ➡ 오이, 완두콩 ➡ 물 1C ➡ 설탕 3T, 식초 2T, 간장 1t ➡ 물녹말 2T(농도 조절) ➡ 튀긴 고기를 소스에 버무려 담기(참기름 ×)

재료

- 돼지등심(살코기)·················200g
- 진간장····························15ml
- 청주·······························15ml
- 달걀·································1개
- 녹말가루(감자전분)···············100g
- 당근(길이로 썰어서)················30g
- 오이(원형으로 지급)··············1/4개
- 건목이버섯··························1개
- 양파 중(150g 정도)···············1/4개
- 완두(통조림)·························15g
- 대파 흰부분(6cm 정도)············1토막
- 식용유···························800ml
- 식초·······························50ml
- 흰설탕····························100g

point

- 1차 튀김 후 수분 증발 위해서 체를 사용하여 공기에 살짝 노출시키며 튀기면 바삭거린다.

- 체를 사용하며 흔들면서 체를 들었다가 놨다가 하면서 사각거리는 소리 나게 기름 빼준다(키친타올 ×).

중식 튀김조리

깐풍기
(乾烹鷄 - 깐풍지)

원조는 새콤, 달콤한 맛에 음식인 깐풍기가 한국인 입맛에 맞게끔 매운맛이 첨가된 지금의 깐풍기가 생겨났다.

시험시간 **30**분

🤚 요구사항

※ 주어진 **재료를 사용하여 깐풍기를 만드시오.**
　가. 닭은 뼈를 발라낸 후 사방 3cm 사각형으로 써시오.
　나. 닭을 튀기기 전에 튀김옷을 입히시오.
　다. 채소는 0.5cm×0.5cm로 써시오.

🤚 수험자 유의사항

1) 만드는 순서에 유의하며, 위생과 숙련된 기능평가를 위하여 조리작업 시 맛을 보지 않습니다.
2) 지정된 수험자지참준비물 이외의 조리기구나 재료를 시험장내에 지참할 수 없습니다.
3) 지급재료는 시험 전 확인하여 이상이 있을 경우 시험위원으로부터 조치를 받고 시험 중에는 재료의 교환 및 추가지급은 하지 않습니다.
4) 요구사항 및 지급재료의 규격은 "정도"의 의미를 포함하며, 재료의 크기에 따라 가감하여 채점됩니다.
5) 위생복, 위생모, 앞치마, 마스크를 착용하여야 하며, 시험장비·조리기구 취급 등 안전에 유의합니다.
6) 다음 사항은 실격에 해당하여 **채점 대상에서 제외**됩니다.
　가) 수험자 본인이 시험 도중 시험에 대한 포기 의사를 표현하는 경우
　나) 위생복, 위생모, 앞치마, 마스크를 착용하지 않은 경우
　다) 시험시간 내에 과제 두 가지를 제출하지 못한 경우
　라) 문제의 요구사항대로 과제의 수량이 만들어지지 않은 경우
　마) 완성품을 요구사항의 과제(요리)가 아닌 다른 요리(예, 달걀말이→달걀찜)로 만든 경우
　바) 불을 사용하여 만든 조리작품이 작품특성에 벗어나는 정도로 타거나 익지 않은 경우
　사) 해당과제의 지급재료 이외 재료를 사용하거나, 요구사항의 조리기구(석쇠 등)로 완성품을 조리하지 않은 경우
　아) 지정된 수험자지참준비물 이외의 조리기술에 영향을 줄 수 있는 기구를 사용한 경우
　자) 가스레인지 화구 2개 이상(2개 포함) 사용한 경우
　차) 시험 중 시설·장비(칼, 가스레인지 등) 사용 시 시험위원 및 타수험자의 시험 진행에 위해를 일으킬 것으로 시험위원 전원이 합의하여 판단한 경우
　카) 요구사항에 표시된 실격 및 부정행위에 해당하는 경우
7) 항목별 배점은 위생상태 및 안전관리 5점, 조리기술 30점, 작품의 평가 15점입니다.
8) 시험시작 전 가벼운 몸 풀기(스트레칭) 동작으로 긴장을 풀고 시험을 시작합니다.

만드는 법

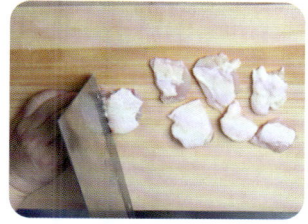

1. 닭다리: 닭뼈 제거 → 껍질에 칼집 넣어 3cm×3cm → 간장, 소금, 청주, 후추 밑간

2. 홍고추, 피망(심지, 씨 제거) → 0.5cm×0.5cm 썰기
   대파, 마늘, 생강 : 0.5cm×0.5cm 썰기

3. 닭고기 → 달걀 전란 2T → 녹말가루 버무리기(농도 조절)

4. 1차 튀김(160℃ 약불): 둥근 모양으로 만들어 넣기 → 뜨면 뒤집어서 붙은 것 떼어내기 → 2차 튀김 (170℃ 바삭하게 튀기기)

5. 팬에 식용유 1T → 대파, 마늘, 생강 → 물 3T, 간장 1T, 식초 1T, 설탕 1T 살짝 끓임 → 홍고추 → 피망

6. 튀긴 닭 넣고 빠르게 버무리기 (국물 없게) → 참기름

재 료

- 닭다리(한마리 1.2kg정도)··············1개
  (허벅지살포함 반마리 지급 가능)
- 진간장····························15ml
- 소금(정제염)························10g
- 청주······························15ml
- 검은후춧가루·························1g
- 달걀·······························1개
- 녹말가루(감자전분)··················100g
- 홍고추(생)·························1/2개
- 청피망 중(75g 정도)···············1/4개
- 생강································5g
- 마늘 중(깐 것)······················3쪽
- 대파 흰부분(6cm 정도)··············2토막
- 흰설탕····························15g
- 식초······························15ml
- 참기름······························5ml
- 식용유···························800ml

point

- 1차 튀김 후 수분 증발 위해서 체를 사용하여 공기에 살짝 노출시키며 튀기면 바삭거린다.
- 체를 사용하며 흔들면서 체를 들었다가 놨다가 하면서 사각거리는 소리 나게 기름 빼준다(키친타올 ×).

중식 튀김조리

탕수생선살
(把开水 - 빠 카이 수이)

원래는 조기/도미를 통째로 칼집을 넣어 튀겨서 탕수 소스를 얹은 것을 근래에 와서 살만 발라서 튀겨낸 것이 탕수생선살이다.

시험시간 **30분**

🍤 요구사항

※ 주어진 재료를 사용하여 다음과 같이 탕수생선살을 만드시오.
  가. 생선살은 1cm×4cm 크기로 썰어 사용하시오.
  나. 채소는 편으로 썰어 사용하시오.
  다. 소스는 달콤하고 새콤한 맛이 나도록 만들어 튀긴 생선에 버무려 내시오.

🍤 수험자 유의사항

1) 만드는 순서에 유의하며, 위생과 숙련된 기능평가를 위하여 조리작업 시 맛을 보지 않습니다.
2) 지정된 수험자지참준비물 이외의 조리기구나 재료를 시험장내에 지참할 수 없습니다.
3) 지급재료는 시험 전 확인하여 이상이 있을 경우 시험위원으로부터 조치를 받고 시험 중에는 재료의 교환 및 추가지급은 하지 않습니다.
4) 요구사항 및 지급재료의 규격은 "정도"의 의미를 포함하며, 재료의 크기에 따라 가감하여 채점됩니다.
5) 위생복, 위생모, 앞치마, 마스크를 착용하여야 하며, 시험장비·조리기구 취급 등 안전에 유의합니다.
6) 다음 사항은 실격에 해당하여 **채점 대상에서 제외**됩니다.
   가) 수험자 본인이 시험 도중 시험에 대한 포기 의사를 표현하는 경우
   나) 위생복, 위생모, 앞치마, 마스크를 착용하지 않은 경우
   다) 시험시간 내에 과제 두 가지를 제출하지 못한 경우
   라) 문제의 요구사항대로 과제의 수량이 만들어지지 않은 경우
   마) 완성품을 요구사항의 과제(요리)가 아닌 다른 요리(예, 달걀말이→달걀찜)로 만든 경우
   바) 불을 사용하여 만든 조리작품이 작품특성에 벗어나는 정도로 타거나 익지 않은 경우
   사) 해당과제의 지급재료 이외 재료를 사용하거나, 요구사항의 조리기구(석쇠 등)로 완성품을 조리하지 않은 경우
   아) 지정된 수험자지참준비물 이외의 조리기술에 영향을 줄 수 있는 기구를 사용한 경우
   자) 가스레인지 화구 2개 이상(2개 포함) 사용한 경우
   차) 시험 중 시설·장비(칼, 가스레인지 등) 사용 시 시험위원 및 타수험자의 시험 진행에 위해를 일으킬 것으로 시험위원 전원이 합의하여 판단한 경우
   카) 요구사항에 표시된 실격 및 부정행위에 해당하는 경우
7) 항목별 배점은 위생상태 및 안전관리 5점, 조리기술 30점, 작품의 평가 15점입니다.
8) 시험시작 전 가벼운 몸 풀기(스트레칭) 동작으로 긴장을 풀고 시험을 시작합니다.

C·H·I·N·E·S·E C·O·O·K·I·N·G

만드는 법

1
완두콩: 데쳐서 ➔ 찬물 ➔ 체에 받쳐 둔다.
건목이: 물에 불려 뜯어 두기
파인애플: 6등분

2
당근, 오이: 4cm 정도 편 썰기

3
흰생선살: 가시 제거 4cm×1cm 세로 썰기 ➔ 물기 제거(간장× 소금×) ➔ 흰자 ➔ 앙금녹말(되직하게) 주무르기

4
1차 튀김(160℃ 약불) ➔ 뜨면 뒤집어서 붙은 것 떼어내기 ➔ 2차 튀김(170℃ 바삭하게 튀기기)

5
팬에 기름 1T ➔ 당근, 목이, 파인애플 ➔ 물 1.5C ➔ 간장 1T, 식초 2T, 설탕 3T ➔ 오이, 완두콩 ➔ 물녹말(농도 조절)

6
튀긴 생선살 버무리기(참기름×)

재 료

- 흰생선살 껍질 벗긴 것(동태 또는 대구) ························150g
- 당근·····························30g
- 오이 가늘고 곧은 것(20cm)········1/6개
- 완두콩·······················20g
- 파인애플 통조림················1쪽
- 건목이버섯····················1개
- 녹말가루(감자전분)···········100g
- 식용유······················600ml
- 식초·························60ml
- 흰설탕·····················100g
- 진간장······················30ml
- 달걀··························1개

point

- 1차 튀김 후 수분 증발 위해서 체를 사용하여 공기에 살짝 노출시키며 튀기면 바삭거린다.
- 체를 사용하며 흔들면서 체를 들었다가 놨다가 하면서 사각거리는 소리 나게 기름 빼준다(키친타올 ×).
- 채소는 높은 온도에 기름 간장으로 향을 낸 후 채소의 색을 살려 볶아낸다(파, 마늘, 생강 ×).

중식 조림조리

난자완스
(南煎丸子 - 난쩬완즈)

원래는 고기를 갈아 만든 완자부침 요리를 요즘에 와서 사람들 입맛 따라 완자튀김 으로 진화했다.

요구사항

※ 주어진 재료를 사용하여 다음과 같이 난자완스를 만드시오.
  가. 완자는 지름 4cm로 둥글고 납작하게 만드시오.
  나. 완자는 손이나 수저로 하나씩 떼어 팬에서 모양을 만드시오.
  다. 채소는 4cm 크기의 편으로 써시오. (단, 대파는 3cm 크기)
  라. 완자는 갈색이 나도록 하시오.

시험시간 **25**분

수험자 유의사항

1) 만드는 순서에 유의하며, 위생과 숙련된 기능평가를 위하여 조리작업 시 맛을 보지 않습니다.
2) 지정된 수험자지참준비물 이외의 조리기구나 재료를 시험장내에 지참할 수 없습니다.
3) 지급재료는 시험 전 확인하여 이상이 있을 경우 시험위원으로부터 조치를 받고 시험 중에는 재료의 교환 및 추가지급은 하지 않습니다.
4) 요구사항 및 지급재료의 규격은 "정도"의 의미를 포함하며, 재료의 크기에 따라 가감하여 채점됩니다.
5) 위생복, 위생모, 앞치마, 마스크를 착용하여야 하며, 시험장비·조리기구 취급 등 안전에 유의합니다.
6) 다음 사항은 실격에 해당하여 **채점 대상에서 제외**됩니다.
    가) 수험자 본인이 시험 도중 시험에 대한 포기 의사를 표현하는 경우
    나) 위생복, 위생모, 앞치마, 마스크를 착용하지 않은 경우
    다) 시험시간 내에 과제 두 가지를 제출하지 못한 경우
    라) 문제의 요구사항대로 과제의 수량이 만들어지지 않은 경우
    마) 완성품을 요구사항의 과제(요리)가 아닌 다른 요리(예, 달걀말이→달걀찜)로 만든 경우
    바) 불을 사용하여 만든 조리작품이 작품특성에 벗어나는 정도로 타거나 익지 않은 경우
    사) 해당과제의 지급재료 이외 재료를 사용하거나, 요구사항의 조리기구(석쇠 등)로 완성품을 조리하지 않은 경우
    아) 지정된 수험자지참준비물 이외의 조리기술에 영향을 줄 수 있는 기구를 사용한 경우
    자) 가스레인지 화구 2개 이상(2개 포함) 사용한 경우
    차) 시험 중 시설·장비(칼, 가스레인지 등) 사용 시 시험위원 및 타수험자의 시험 진행에 위해를 일으킬 것으로 시험위원 전원이 합의하여 판단한 경우
    카) 요구사항에 표시된 실격 및 부정행위에 해당하는 경우
7) 항목별 배점은 위생상태 및 안전관리 5점, 조리기술 30점, 작품의 평가 15점입니다.
8) 시험시작 전 가벼운 몸 풀기(스트레칭) 동작으로 긴장을 풀고 시험을 시작합니다.

만드는 법

1. 대파: 3cm 정도 편 썰기
   마늘, 생강: 편 썰기

2. 죽순: 결 방향 4cm 정도(빗살무늬)
   ➔ 데치기
   청경채: 4cm 정도 ➔ 데치기 ➔ 찬물
   표고: 밑둥 제거 ➔ 포떠서 편 썰기
   ➔ 수분 제거

3. 돼지고기: 한 번 더 곱게 다지기
   ➔ 간장, 청주, 검은 후추

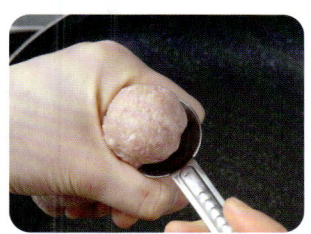

4. 돼지고기 ➔ 노른자 ➔ 녹말가루
   (농도 조절) ➔ 많이 치댄다.
   ➔ 손으로 쥐어 숟가락으로 3cm
   정도 떼어 기름에 넣는다.
   (완성작 지름 4cm)

5. 팬에 기름 160℃ 중불 ➔ 치댄 반죽
   튀기기 (숟가락으로 가운데 부분
   을 눌러 모양을 만든다.)

6. 팬에 기름 1T ➔ 대파, 마늘, 생강
   ➔ 간장, 청주 ➔ 물 1.2C ➔ 간장
   1T(색깔 조정) ➔ 튀긴 완자 넣기
   ➔ 물 녹말(농도 조절) ➔ 참기름

재 료

- 돼지등심(다진 살코기)·············200g
- 마늘 중(깐 것)························2쪽
- 대파 흰부분(6cm 정도)············1토막
- 생강····································5g
- 소금(정제염)···························3g
- 청주····································20ml
- 검은후춧가루··························1g
- 달걀····································1개
- 녹말가루(감자전분)···················50g
- 죽순(통조림, whole, 고형분)········50g
- 건표고버섯(지름 5cm 정도, 물에불릴것)···2개
- 청경채·································1포기
- 식용유·································800ml
- 참기름···································5ml
- 진간장··································15ml

point

- 팬에 기름을 많이 넣고 겉면이 갈색 나면 뒤집어서 숟가락으로 눌러서 둥글고 납작하고 부서지지 않게 튀긴다. (체 사용해도 좋다.)

- 청경채 색이 변하지 않게 센불에서 빨리 팬을 돌리며 졸인다.

중식 조림조리

홍쇼두부
(紅燒豆腐 - 홍샤우 뜨우프)

두부를 튀겨서 버섯과 야채를 같이 볶는다. 중국 가정에서 해 먹던 요리다.

요구사항

※ 주어진 재료를 사용하여 홍쇼두부를 만드시오.
  가. 두부는 가로와 세로 5cm, 두께 1cm의 삼각형 크기로 썰시오.
  나. 채소는 편으로 썰시오.
  다. 두부는 으깨어지거나 붙지 않게 하고 갈색이 나도록 하시오.

시험시간 30분

수험자 유의사항

1) 만드는 순서에 유의하며, 위생과 숙련된 기능평가를 위하여 조리작업 시 맛을 보지 않습니다.
2) 지정된 수험자지참준비물 이외의 조리기구나 재료를 시험장내에 지참할 수 없습니다.
3) 지급재료는 시험 전 확인하여 이상이 있을 경우 시험위원으로부터 조치를 받고 시험 중에는 재료의 교환 및 추가지급은 하지 않습니다.
4) 요구사항 및 지급재료의 규격은 "정도"의 의미를 포함하며, 재료의 크기에 따라 가감하여 채점됩니다.
5) 위생복, 위생모, 앞치마, 마스크를 착용하여야 하며, 시험장비·조리기구 취급 등 안전에 유의합니다.
6) 다음 사항은 실격에 해당하여 **채점 대상에서 제외**됩니다.
  가) 수험자 본인이 시험 도중 시험에 대한 포기 의사를 표현하는 경우
  나) 위생복, 위생모, 앞치마, 마스크를 착용하지 않은 경우
  다) 시험시간 내에 과제 두 가지를 제출하지 못한 경우
  라) 문제의 요구사항대로 과제의 수량이 만들어지지 않은 경우
  마) 완성품을 요구사항의 과제(요리)가 아닌 다른 요리(예. 달걀말이→달걀찜)로 만든 경우
  바) 불을 사용하여 만든 조리작품이 작품특성에 벗어나는 정도로 타거나 익지 않은 경우
  사) 해당과제의 지급재료 이외 재료를 사용하거나, 요구사항의 조리기구(석쇠 등)로 완성품을 조리하지 않은 경우
  아) 지정된 수험자지참준비물 이외의 조리기술에 영향을 줄 수 있는 기구를 사용한 경우
  자) 가스레인지 화구 2개 이상(2개 포함) 사용한 경우
  차) 시험 중 시설·장비(칼, 가스레인지 등) 사용 시 시험위원 및 타수험자의 시험 진행에 위해를 일으킬 것으로 시험위원 전원이 합의하여 판단한 경우
  카) 요구사항에 표시된 실격 및 부정행위에 해당하는 경우
7) 항목별 배점은 위생상태 및 안전관리 5점, 조리기술 30점, 작품의 평가 15점입니다.
8) 시험시작 전 가벼운 몸 풀기(스트레칭) 동작으로 긴장을 풀고 시험을 시작합니다.

만드는 법

1. 두부: 5cm×5cm×1cm 정사각형 잘라서 ➡ 삼각형(소금 ×) ➡ 물기 제거(키친타올)

2. 죽순: 결방향 4cm(빗살무늬) ➡ 데치기
   양송이 : 편 썰기 ➡ 데치기
   청경채: 4cm 썰기 ➡ 데치기 ➡ 찬물
   표고(밑둥 제거) ➡ 수분 제거
   홍고추(씨 제거), 대파: 4cm 편 썰기
   마늘, 생강: 편 썰기

3. 돼지고기 3cm×3cm 정도로 얇게 썰기 ➡ 간장, 청주

4. 팬에 식용유: 수분 제거한 두부 노릇하게 굽기
   팬에 기름 많이 ➡ 수분 제거한 두부 ➡ 노릇하게 튀기기 ➡ 체에 밭쳐 두기

5. 팬에 기름 넉넉히 ➡ 돼지고기를 흰자 ➡ 녹말가루 버무려 튀기기 (볶음용 물녹말 준비)

6. 팬에 기름 1T ➡ 대파, 마늘, 생강 ➡ 간장, 청주 ➡ 표고, 죽순, 양송이, 홍고추 ➡ 청경채 ➡ 물 1C ➡ 끓으면 간장 1T(색깔 조절) ➡ 튀긴 고기, 두부 ➡ 물녹말 2T (농도 조절) ➡ 참기름

재 료

- 두부·················150g
- 돼지등심(살코기)·········50g
- 건표고버섯(지름 5cm, 물에 불린 것)···1개
- 죽순(통조림, 고형분)········30g
- 마늘 중(깐 것)············2쪽
- 생강····················5g
- 청경채················1포기
- 대파 흰부분(6cm)·········1토막
- 홍고추(생)···············1개
- 양송이(통조림, whole, 양송이 큰 것)···1개
- 달걀····················1개
- 진간장·················15ml
- 녹말가루(감자전분)·········10g
- 청주···················5ml
- 참기름·················5ml
- 식용유················500ml

point

- 두부는 으깨지거나 부서지지 않게 튀긴다.
- 기름 양이 적으면 색깔이 골고루 나지 않고 얼룩진다.(유부 색깔)

중식 밥조리

새우볶음밥
(蝦仁炒飯 - 샤인 차우 반)

알새우를 넣고 밥과 같이 볶아낸 것이다.

요구사항

※ 주어진 재료를 사용하여 다음과 같이 새우볶음밥을 만드시오.
  가. 새우는 내장을 제거하고 데쳐서 사용하시오.
  나. 채소는 0.5cm 크기의 주사위 모양으로 써시오.
  다. 부드럽게 볶은 달걀에 밥, 채소, 새우를 넣어 질지 않게 볶아 전량 제출하시오.

 시험시간  30분

수험자 유의사항

1) 만드는 순서에 유의하며, 위생과 숙련된 기능평가를 위하여 조리작업 시 맛을 보지 않습니다.
2) 지정된 수험자지참준비물 이외의 조리기구나 재료를 시험장내에 지참할 수 없습니다.
3) 지급재료는 시험 전 확인하여 이상이 있을 경우 시험위원으로부터 조치를 받고 시험 중에는 재료의 교환 및 추가지급은 하지 않습니다.
4) 요구사항 및 지급재료의 규격은 "정도"의 의미를 포함하며, 재료의 크기에 따라 가감하여 채점됩니다.
5) 위생복, 위생모, 앞치마, 마스크를 착용하여야 하며, 시험장비·조리기구 취급 등 안전에 유의합니다.
6) 다음 사항은 실격에 해당하여 **채점 대상에서 제외**됩니다.
   가) 수험자 본인이 시험 도중 시험에 대한 포기 의사를 표현하는 경우
   나) 위생복, 위생모, 앞치마, 마스크를 착용하지 않은 경우
   다) 시험시간 내에 과제 두 가지를 제출하지 못한 경우
   라) 문제의 요구사항대로 과제의 수량이 만들어지지 않은 경우
   마) 완성품을 요구사항의 과제(요리)가 아닌 다른 요리(예. 달걀말이→달걀찜)로 만든 경우
   바) 불을 사용하여 만든 조리작품이 작품특성에 벗어나는 정도로 타거나 익지 않은 경우
   사) 해당과제의 지급재료 이외 재료를 사용하거나, 요구사항의 조리기구(석쇠 등)로 완성품을 조리하지 않은 경우
   아) 지정된 수험자지참준비물 이외의 조리기술에 영향을 줄 수 있는 기구를 사용한 경우
   자) 가스레인지 화구 2개 이상(2개 포함) 사용한 경우
   차) 시험 중 시설·장비(칼, 가스레인지 등) 사용 시 시험위원 및 타수험자의 시험 진행에 위해를 일으킬 것으로 시험위원 전원이 합의하여 판단한 경우
   카) 요구사항에 표시된 실격 및 부정행위에 해당하는 경우
7) 항목별 배점은 위생상태 및 안전관리 5점, 조리기술 30점, 작품의 평가 15점입니다.
8) 시험시작 전 가벼운 몸 풀기(스트레칭) 동작으로 긴장을 풀고 시험을 시작합니다.

만드는 법

1. 새우살 찬물 해동 ➔ 내장 제거 ➔ 소금물에 살짝 데치기 ➔ 찬물 ➔ 수분 제거

2. 불린 쌀에 동량의 물(1 : 1) 넣고 센불 ➔ 끓으면 중불 ➔ 약불에서 따각따각 소리 나면 불 끄기

3. 대파, 당근, 피망(심지 제거) : 0.5cm 정도 크기의 주사위 모양 썰기

4. 달걀 전란 : 소금 넣어 풀고 체에 내리기 ➔ 팬에 기름 넉넉히 ➔ 스크램블(야채 크기 정도로 으깨고, 뭉쳐 있지 않게)

5. 팬에 기름 넉넉히 ➔ 대파(향내기) ➔ 당근 ➔ 피망 ➔ 밥 ➔ 달걀 스크램블, 데친 새우 ➔ 소금 소량, 흰 후추

6. 대접 바닥에 새우살 깔고 그 위에 볶은밥 담아서 눌러서 ➔ 담아낼 접시에 엎어서 담아낸다.

재료

- 쌀(30분 정도 물에 불린 쌀)·········150g
- 작은새우살·····················30g
- 달걀·························1개
- 대파 흰부분(6cm 정도)············1토막
- 당근··························20g
- 청피망 중(75g 정도)··············1/3개
- 식용유·······················50ml
- 소금·························5g
- 흰후춧가루····················5g

point

- 밥은 질지 않고 고슬고슬하게 짓는다.(절대 타지 않게)
- 채소는 높은 온도에서 재빨리 볶아낸다.
- 달걀 스크램블 하여 바로 야채 볶아도 되지만 달걀이 변색하거나 타지 않게 유의해야 한다.

중식 면조리

유니짜장면
(肉泥炸醬麵 - 러우 니 자짱미엔)

중화요리의 하나. 고기와 채소를 넣어 볶은 중국 된장에 국수를 비벼 먹는다.

시험시간 30분

🍳 요구사항

※ 주어진 재료를 사용하여 다음과 같이 유니짜장면을 만드시오.
   가) 춘장은 기름에 볶아서 사용하시오.
   나) 양파, 호박은 0.5cm × 0.5cm 크기의 네모꼴로 써시오.
   다) 중식면은 끓는 물에 삶아 찬물에 헹군 후 데쳐 사용하시오.
   라) 삶은 면에 짜장소스를 부어 오이채를 올려내시오.

🍳 수험자 유의사항

1) 만드는 순서에 유의하며, 위생과 숙련된 기능평가를 위하여 조리작업 시 맛을 보지 않습니다.
2) 지정된 수험자지참준비물 이외의 조리기구나 재료를 시험장내에 지참할 수 없습니다.
3) 지급재료는 시험 전 확인하여 이상이 있을 경우 시험위원으로부터 조치를 받고 시험 중에는 재료의 교환 및 추가지급은 하지 않습니다.
4) 요구사항 및 지급재료의 규격은 "정도"의 의미를 포함하며, 재료의 크기에 따라 가감하여 채점됩니다.
5) 위생복, 위생모, 앞치마, 마스크를 착용하여야 하며, 시험장비·조리기구 취급 등 안전에 유의합니다.
6) 다음 사항은 실격에 해당하여 **채점 대상에서 제외**됩니다.
   가) 수험자 본인이 시험 도중 시험에 대한 포기 의사를 표현하는 경우
   나) 위생복, 위생모, 앞치마, 마스크를 착용하지 않은 경우
   다) 시험시간 내에 과제 두 가지를 제출하지 못한 경우
   라) 문제의 요구사항대로 과제의 수량이 만들어지지 않은 경우
   마) 완성품을 요구사항의 과제(요리)가 아닌 다른 요리(예. 달걀말이→달걀찜)로 만든 경우
   바) 불을 사용하여 만든 조리작품이 작품특성에 벗어나는 정도로 타거나 익지 않은 경우
   사) 해당과제의 지급재료 이외 재료를 사용하거나, 요구사항의 조리기구(석쇠 등)로 완성품을 조리하지 않은 경우
   아) 지정된 수험자지참준비물 이외의 조리기술에 영향을 줄 수 있는 기구를 사용한 경우
   자) 가스레인지 화구 2개 이상(2개 포함) 사용한 경우
   차) 시험 중 시설·장비(칼, 가스레인지 등) 사용 시 시험위원 및 타수험자로 시험 진행에 위해를 일으킬 것으로 시험위원 전원이 합의하여 판단한 경우
   카) 요구사항에 표시된 실격 및 부정행위에 해당하는 경우
7) 항목별 배점은 위생상태 및 안전관리 5점, 조리기술 30점, 작품의 평가 15점입니다.
8) 시험시작 전 가벼운 몸 풀기(스트레칭) 동작으로 긴장을 풀고 시험을 시작합니다.

만드는 법

1. 오이: 소금으로 씻어서 4cm 채썰기
애호박, 양파: 0.5cm×0.5cm 네모꼴 썰기(다지기×)

2. 생강: 잘게 다지기
돼지고기: 핏물 제거 → 한 번 더 다지기 → 간장, 청주

3. 면 삶기: 찬물에 헹구기 → 체에 받쳐 두기(면수 버리지 않기)

4. 팬에 기름 1/2C → 약불(따뜻해지면 춘장 3T) → 눌지 않게 풀어가면서 볶기 → 체 받치기

5. 팬에 기름 → 생강 → 돼지고기 → 양파 → 호박 → 볶은 춘장 (색 조절)

6. 물 1.2C + 설탕 1T → 끓으면 물녹말(농도 조절) → 참기름

7. 남겨둔 면수 끓여서 체에 삶은 면 데쳐서 그릇에 담고 → 소스 → 오이채 올리기

재 료

- 돼지등심(다진 살코기)················50g
- 중식면(생면)·······························150g
- 양파 중(150g 정도)······················1개
- 애호박···50g
- 오이 (가늘고 곧은 것, 20cm)······1/4개
- 춘장···50g
- 생강···10g
- 진간장··50ml
- 청주··50ml
- 소금···10g
- 흰설탕···20g
- 참기름··10ml
- 녹말가루(감자전분)······················50g
- 식용유···100ml

point

- 국수 삶기: 끓는 물에 소금 넣고 국수를 털어가면서 넣고 뚜껑 열고 삶다가, 넘치면 찬물 추가한다. 한 가닥 꺼내서 찬물에 담궈서 손으로 밀어봐서 중간 심지 없게 잘 익힌다.

- 춘장을 높은 온도에서 볶으면 딱딱해지므로 주의한다.

중식 면조리
울면
(溫滷麵 - 운루미엔)

울면은 각종 해산물과 야채로 끓인 면요리다. 온도를 유지하기 위해 녹말로 걸죽하게 만든 음식이다.

🧡 요구사항

※ 주어진 재료를 사용하여 다음과 같이 울면을 만드시오.
  가. 오징어, 대파, 양파, 당근, 배추잎은 6cm 길이로 채를 써시오.
  나. 중식면은 끓는 물에 삶아 찬물에 헹군 후 데쳐 사용하시오.
  다. 소스는 농도를 잘 맞춘 다음, 달걀을 풀 때 덩어리지지 않게 하시오.

시험시간 **30분**

🧡 수험자 유의사항

1) 만드는 순서에 유의하며, 위생과 숙련된 기능평가를 위하여 조리작업 시 맛을 보지 않습니다.
2) 지정된 수험자지참준비물 이외의 조리기구나 재료를 시험장내에 지참할 수 없습니다.
3) 지급재료는 시험 전 확인하여 이상이 있을 경우 시험위원으로부터 조치를 받고 시험 중에는 재료의 교환 및 추가지급은 하지 않습니다.
4) 요구사항 및 지급재료의 규격은 "정도"의 의미를 포함하며, 재료의 크기에 따라 가감하여 채점됩니다.
5) 위생복, 위생모, 앞치마, 마스크를 착용하여야 하며, 시험장비·조리기구 취급 등 안전에 유의합니다.
6) 다음 사항은 실격에 해당하여 **채점 대상에서 제외**됩니다.
    가) 수험자 본인이 시험 도중 시험에 대한 포기 의사를 표현하는 경우
    나) 위생복, 위생모, 앞치마, 마스크를 착용하지 않은 경우
    다) 시험시간 내에 과제 두 가지를 제출하지 못한 경우
    라) 문제의 요구사항대로 과제의 수량이 만들어지지 않은 경우
    마) 완성품을 요구사항의 과제(요리)가 아닌 다른 요리(예, 달걀말이→달걀찜)로 만든 경우
    바) 불을 사용하여 만든 조리작품이 작품특성에 벗어나는 정도로 타거나 익지 않은 경우
    사) 해당과제의 지급재료 이외 재료를 사용하거나, 요구사항의 조리기구(석쇠 등)로 완성품을 조리하지 않은 경우
    아) 지정된 수험자지참준비물 이외의 조리기술에 영향을 줄 수 있는 기구를 사용한 경우
    자) 가스레인지 화구 2개 이상(2개 포함) 사용한 경우
    차) 시험 중 시설·장비(칼, 가스레인지 등) 사용 시 시험위원 및 타수험자의 시험 진행에 위해를 일으킬 것으로 시험위원 전원이 합의하여 판단한 경우
    카) 요구사항에 표시된 실격 및 부정행위에 해당하는 경우
7) 항목별 배점은 위생상태 및 안전관리 5점, 조리기술 30점, 작품의 평가 15점입니다.
8) 시험시작 전 가벼운 몸 풀기(스트레칭) 동작으로 긴장을 풀고 시험을 시작합니다.

만드는 법

1. 건목이: (물에 불려) 채 썰기
   양파, 당근: 6cm 채 썰기

2. 부추, 배추(줄기 부분 포 떠서),
   대파: 6cm 채 썰기
   마늘: 채 썰기

3. 새우살(내장 제거)
   오징어살(껍질 제거): 6cm 채 썰기

4. 면 삶기: 찬물에 헹구기 → 체에
   밭쳐 두기 (면수 버리지 않기)

5. 냄비에 물 3C → 끓으면 대파, 마늘
   → 간장, 청주 → 오징어, 새우,
   양파, 당근, 배추, 목이 넣고 끓이기
   (불순물 제거)

6. 소스에 소금 → 청주, 흰후추, 물
   녹말(농도 조절) → 부추 → 달걀
   알끈 제거 후 체에 내려서 줄알
   치기 → 참기름

7. 남겨둔 면수 끓여서 삶은 면 데쳐서
   그릇에 담고 → 소스 부어 내기

재 료

- 중식면(생면)··················150g
- 오징어(몸통)··················50g
- 작은새우살···················20g
- 조선부추····················10g
- 대파 흰부분(6cm)··············1토막
- 마늘 중(간 것)················3쪽
- 당근(길이 6cm)················20g
- 배추잎···················20g(1/2잎)
- 건목이버섯····················1개
- 양파 중(150g)·················1/4개
- 달걀·······················1개
- 진간장·····················5ml
- 청주······················30ml
- 참기름·····················5ml
- 소금·······················5g
- 녹말가루(감자전분)··············20g
- 흰후춧가루····················3g

point

- 국수 삶기: 끓는 물에 소금 넣고 국수를 털어가면서 넣고 뚜껑 열고 삶다가, 넘치면 찬물 추가한다. 한가닥 꺼내서 찬물에 담궈서 손으로 밀어봐서 중간 심지 없게 잘 익힌다.

- 줄알 치기: 젓가락으로 흔들면서 달걀물을 가늘게 부어준다.

중식 냉채조리
오징어냉채
(凉拌魷魚 - 량반 유위)

오징어를 칼집 내어 오이와 함께 겨자 소스에 무쳐 먹는 요리다.

🖐 요구사항

※ 주어진 재료를 사용하여 오징어 냉채를 만드시오.
　가. 오징어 몸살은 종횡으로 칼집을 내어 3~4cm로 썰어 데쳐서 사용하시오.
　나. 오이는 얇게 3cm 편으로 썰어 사용하시오.
　다. 겨잣가루를 숙성시킨 후 소스를 만드시오.

시험시간 20분

🖐 수험자 유의사항

1) 만드는 순서에 유의하며, 위생과 숙련된 기능평가를 위하여 조리작업 시 맛을 보지 않습니다.
2) 지정된 수험자지참준비물 이외의 조리기구나 재료를 시험장내에 지참할 수 없습니다.
3) 지급재료는 시험 전 확인하여 이상이 있을 경우 시험위원으로부터 조치를 받고 시험 중에는 재료의 교환 및 추가지급은 하지 않습니다.
4) 요구사항 및 지급재료의 규격은 "정도"의 의미를 포함하며, 재료의 크기에 따라 가감하여 채점됩니다.
5) 위생복, 위생모, 앞치마, 마스크를 착용하여야 하며, 시험장비·조리기구 취급 등 안전에 유의합니다.
6) 다음 사항은 실격에 해당하여 **채점 대상에서 제외**됩니다.
　가) 수험자 본인이 시험 도중 시험에 대한 포기 의사를 표현하는 경우
　나) 위생복, 위생모, 앞치마, 마스크를 착용하지 않은 경우
　다) 시험시간 내에 과제 두 가지를 제출하지 못한 경우
　라) 문제의 요구사항대로 과제의 수량이 만들어지지 않은 경우
　마) 완성품을 요구사항의 과제(요리)가 아닌 다른 요리(예, 달걀말이→달걀찜)로 만든 경우
　바) 불을 사용하여 만든 조리작품이 작품특성에 벗어나는 정도로 타거나 익지 않은 경우
　사) 해당과제의 지급재료 이외 재료를 사용하거나, 요구사항의 조리기구(석쇠 등)로 완성품을 조리하지 않은 경우
　아) 지정된 수험자지참준비물 이외의 조리기술에 영향을 줄 수 있는 기구를 사용한 경우
　자) 가스레인지 화구 2개 이상(2개 포함) 사용한 경우
　차) 시험 중 시설·장비(칼, 가스레인지 등) 사용 시 시험위원 및 타수험자의 시험 진행에 위해를 일으킬 것으로 시험위원 전원이 합의하여 판단한 경우
　카) 요구사항에 표시된 실격 및 부정행위에 해당하는 경우
7) 항목별 배점은 위생상태 및 안전관리 5점, 조리기술 30점, 작품의 평가 15점입니다.
8) 시험시작 전 가벼운 몸 풀기(스트레칭) 동작으로 긴장을 풀고 시험을 시작합니다.

만드는 법

1. 겨잣가루 1T, 더운물 1.2T 넣고 개어서 ➡ 따뜻한 곳에 두고 발효 시키기

2. 오이: 소금으로 문질러 씻어 반으로 갈라 3cm 정도 얇게 편 썰기

3. 갑오징어: 껍질 제거

4. 갑오징어 안쪽에 종횡 칼집(세로 칼집 넣고 돌려서 가로로 칼을 눕혀서 칼집 넣으며 0.3cm 정도의 간격 두고 잘라준다)을 내어 3~4cm 정도 크기로 썰어준다. (대각선 칼집 ✕)

5. 끓는 물에 갑오징어 데쳐서 찬물에 식히기 ➡ 물기 제거

6. 겨자 소스 만들기: 발효겨자 1T + 설탕 1T 넣어 저어서 설탕 녹인 후 ➡ 식초 1T, 소금 약간, 참기름 섞기 (뭉쳐 지지 않게) ➡ 데친 갑오징어와 채 썬 오이 약간을 겨자 소스에 살짝 버무리기 ➡ 남은 오이는 접시 가장자리 장식 ➡ 남은 소스를 곁들여 낸다.

재 료

- 갑오징어살(오징어 대체 가능)………100g
- 오이 가늘고 곧은 것(길이 20cm)…1/3개
- 겨잣가루………………………………20g
- 식초……………………………………30ml
- 소금(정제염)……………………………2g
- 참기름…………………………………5ml
- 흰설탕…………………………………15g

point

- 오징어는 칼집을 일정하게 넣는다.
- 오징어를 너무 오래 데치지 않는다.
- 겨자는 발효시켜 따뜻한 물에 개어서 사용한다.
- 오징어는 충분히 식혀 오이와 버무린다.

중식 냉채조리

해파리냉채
(凉拌海蜇 - 량반 하이쩌)

해파리를 오래 보관하기 위해 개발한 절임 음식 중에 하나이다.

🌶️ 요구사항

※ 주어진 재료를 사용하여 다음과 같이 해파리 냉채를 만드시오.
  가. 해파리는 염분을 제거하고 살짝 데쳐서 사용하시오.
  나. 오이는 0.2cm×6cm 크기로 어슷하게 채를 써시오.
  다. 해파리와 오이를 섞어 마늘소스를 끼얹어 내시오.

🌶️ 수험자 유의사항

1) 만드는 순서에 유의하며, 위생과 숙련된 기능평가를 위하여 조리작업 시 맛을 보지 않습니다.
2) 지정된 수험자지참준비물 이외의 조리기구나 재료를 시험장내에 지참할 수 없습니다.
3) 지급재료는 시험 전 확인하여 이상이 있을 경우 시험위원으로부터 조치를 받고 시험 중에는 재료의 교환 및 추가지급은 하지 않습니다.
4) 요구사항 및 지급재료의 규격은 "정도"의 의미를 포함하며, 재료의 크기에 따라 가감하여 채점됩니다.
5) 위생복, 위생모, 앞치마, 마스크를 착용하여야 하며, 시험장비·조리기구 취급 등 안전에 유의합니다.
6) 다음 사항은 실격에 해당하여 **채점 대상에서 제외**됩니다.
   가) 수험자 본인이 시험 도중 시험에 대한 포기 의사를 표현하는 경우
   나) 위생복, 위생모, 앞치마, 마스크를 착용하지 않은 경우
   다) 시험시간 내에 과제 두 가지를 제출하지 못한 경우
   라) 문제의 요구사항대로 과제의 수량이 만들어지지 않은 경우
   마) 완성품을 요구사항의 과제(요리)가 아닌 다른 요리(예, 달걀말이→달걀찜)로 만든 경우
   바) 불을 사용하여 만든 조리작품이 작품특성에 벗어나는 정도로 타거나 익지 않은 경우
   사) 해당과제의 지급재료 이외 재료를 사용하거나, 요구사항의 조리기구(석쇠 등)로 완성품을 조리하지 않은 경우
   아) 지정된 수험자지참준비물 이외의 조리기술에 영향을 줄 수 있는 기구를 사용한 경우
   자) 가스레인지 화구 2개 이상(2개 포함) 사용한 경우
   차) 시험 중 시설·장비(칼, 가스레인지 등) 사용 시 시험위원 및 타수험자 시험 진행에 위해를 일으킬 것으로 시험위원 전원이 합의하여 판단한 경우
   카) 요구사항에 표시된 실격 및 부정행위에 해당하는 경우
7) 항목별 배점은 위생상태 및 안전관리 5점, 조리기술 30점, 작품의 평가 15점입니다.
8) 시험시작 전 가벼운 몸 풀기(스트레칭) 동작으로 긴장을 풀고 시험을 시작합니다.

만드는 법

1. 해파리: 소금물에 주물러 여러 번 씻기(염분 제거)

2. 해파리: 60℃의 뜨거운 물에 살짝 데치기 ➡ 찬물로 세게 주물러 씻기 ➡ 식초물(1 : 1) 담그어 두기 (부드럽게)

3. 오이: 소금으로 문질러 씻어 0.2cm×6cm 어슷하게 채 썰기 (돌려 깎기 ×)
   마늘: 다지기

4. 마늘 소스 만들기: 식초 1.5T + 설탕 1.5T(잘 녹인 후) + 다진 마늘 + 소금 소량, 참기름

5. 해파리가 잘 보이게 소복하게 담고 마늘 소스 끼얹어 낸다.

재 료

- 해파리····················150g
- 오이 가늘고 곧은 것(20cm)········1/2개
- 마늘 중(깐 것)··················3쪽
- 식초·····················45ml
- 흰설탕····················15g
- 소금(정제염)··················7g
- 참기름····················5ml

point

- 해파리는 염분을 충분하게 제거해야 한다.
- 해파리는 뜨거운 물에 너무 오래 삶으면 수축되어 질겨지므로 주의한다.

중식 냉채조리

양장피잡채
(炒肉兩張皮 - 차우러우 량장피)

두장의 피로 음식을 만든다고 하여 양장피 라고 하는 설이 있다.

🍤 요구사항

※ **주어진 재료를 사용하여 양장피 잡채를 만드시오.**
　가. 양장피는 4cm로 하시오.
　나. 고기와 채소는 5cm 길이의 채를 써시오.
　다. 겨잣가루는 숙성시켜 사용하시오.
　라. 볶은 재료와 볶지 않는 재료의 분별에 유의하여 담아내시오.

시험시간 **35**분

🍤 수험자 유의사항

1) 만드는 순서에 유의하며, 위생과 숙련된 기능평가를 위하여 조리작업 시 맛을 보지 않습니다.
2) 지정된 수험자지참준비물 이외의 조리기구나 재료를 시험장내에 지참할 수 없습니다.
3) 지급재료는 시험 전 확인하여 이상이 있을 경우 시험위원으로부터 조치를 받고 시험 중에는 재료의 교환 및 추가지급은 하지 않습니다.
4) 요구사항 및 지급재료의 규격은 "정도"의 의미를 포함하며, 재료의 크기에 따라 가감하여 채점됩니다.
5) 위생복, 위생모, 앞치마, 마스크를 착용하여야 하며, 시험장비·조리기구 취급 등 안전에 유의합니다.
6) 다음 사항은 실격에 해당하여 **채점 대상에서 제외**됩니다.
　가) 수험자 본인이 시험 도중 시험에 대한 포기 의사를 표현하는 경우
　나) 위생복, 위생모, 앞치마, 마스크를 착용하지 않은 경우
　다) 시험시간 내에 과제 두 가지를 제출하지 못한 경우
　라) 문제의 요구사항대로 과제의 수량이 만들어지지 않은 경우
　마) 완성품을 요구사항의 과제(요리)가 아닌 다른 요리(예, 달걀말이→달걀찜)로 만든 경우
　바) 불을 사용하여 만든 조리작품이 작품특성에 벗어나는 정도로 타거나 익지 않은 경우
　사) 해당과제의 지급재료 이외 재료를 사용하거나, 요구사항의 조리기구(석쇠 등)로 완성품을 조리하지 않은 경우
　아) 지정된 수험자지참준비물 이외의 조리기술에 영향을 줄 수 있는 기구를 사용한 경우
　자) 가스레인지 화구 2개 이상(2개 포함) 사용한 경우
　차) 시험 중 시설·장비(칼, 가스레인지 등) 사용 시 시험위원 및 타수험자의 시험 진행에 위해를 일으킬 것으로 시험위원 전원이 합의하여 판단한 경우
　카) 요구사항에 표시된 실격 및 부정행위에 해당하는 경우
7) 항목별 배점은 위생상태 및 안전관리 5점, 조리기술 30점, 작품의 평가 15점입니다.
8) 시험시작 전 가벼운 몸 풀기(스트레칭) 동작으로 긴장을 풀고 시험을 시작합니다.

만드는 법

1. 겨잣가루 1T, 더운물 1.2T 넣고 개어서 → 따뜻한 곳에 두고 발효시키기

2. 오이: 소금으로 문질러 씻기 → 5cm 돌려깎아 채썰기
부추: 5cm 길이 썰기 → 소금 살짝 뿌리기(색 선명)
당근, 양파: 5cm 채 썰기
건목이: 물에 불려 채 썰기
황·백 지단 : 황·백 분리 → 지단 부치기 → 5cm 채 썰기

3. 갑오징어: 껍질 제거 → 내장 쪽 세로 칼집 → 데치기 → 식히기 → 가로로 5cm 채 썰기

4. 새우살: 내장 제거 → 데치기 → 식히기
해삼: 살짝 데치기 → 5cm 채 썰기
양장피: 데쳐서 잘 익히기 → 찬물 헹구기 → 4cm 정리 → 간장, 참기름

5. 돼지고기: 결대로 5cm 채 썰기 → 간장

6. 팬에 기름(센불) → 고기 붙지 않게 볶기 → 양파 → 목이 → 부추 → 소금 → 참기름

7. 겨자 소스 만들기: 발효겨자 1T + 설탕 1T 넣어 저어서 설탕 녹인 후 → 식초 1T, 소금 약간, 참기름 섞기 (뭉쳐지지 않게)

8. 접시에 채소와 해산물을 색이 겹치지 않고 마주 보게 부채 모양으로 담고 중앙으로 양장피 둘러 담은 후 볶은 재료를 소복하게 담은 후 겨자 소스를 원으로 그리며 살짝 뿌려 준다(남은 소스는 곁들여 낸다).

재 료

- 양장피 ································· 1/2장
- 진간장 ································· 5ml
- 참기름 ································· 5ml
- 돼지등심(살코기) ··············· 50g
- 소금(정제염) ······················ 3g
- 양파 중(150g 정도) ··········· 1/2개
- 건목이버섯 ························· 1개
- 조선부추 ···························· 30g
- 오이 가늘고 곧은 것(길이 20cm)··· 1/3개
- 당근(길이로 썰어서) ··········· 50g
- 달걀 ··································· 1개
- 작은새우살 ························· 50g
- 갑오징어살(오징어 대체 가능)········ 50g
- 건해삼(불린 것) ·················· 60g
- 겨잣가루 ···························· 10g
- 흰설탕 ································ 30g
- 식초 ··································· 50ml
- 식용유 ································ 20ml

point

- 양장피는 뜨거운 물에 담궈서 충분히 삶아서 사용한다.(약 5분 정도)
- 부추는 썰어서 소금을 살짝 뿌리면 색이 선명해진다.

중식 볶음조리

부추잡채
(炒韭菜 - 차우 지우차이)

부추잡채는 동북지방 음식으로 밀가루 음식으로 화권, 전병 같은 음식과 함께 먹는다.

🌿 요구사항

※ 주어진 재료를 사용하여 다음과 같이 부추잡채를 만드시오.
  가. 부추는 6cm 길이로 써시오.
  나. 고기는 0.3×6cm 길이로 써시오.
  다. 고기는 간을 하여 기름에 익혀 사용하시오.

시험시간 **20**분

🌿 수험자 유의사항

1) 만드는 순서에 유의하며, 위생과 숙련된 기능평가를 위하여 조리작업 시 맛을 보지 않습니다.
2) 지정된 수험자지참준비물 이외의 조리기구나 재료를 시험장내에 지참할 수 없습니다.
3) 지급재료는 시험 전 확인하여 이상이 있을 경우 시험위원으로부터 조치를 받고 시험 중에는 재료의 교환 및 추가지급은 하지 않습니다.
4) 요구사항 및 지급재료의 규격은 "정도"의 의미를 포함하며, 재료의 크기에 따라 가감하여 채점됩니다.
5) 위생복, 위생모, 앞치마, 마스크를 착용하여야 하며, 시험장비·조리기구 취급 등 안전에 유의합니다.
6) 다음 사항은 실격에 해당하여 **채점 대상에서 제외**됩니다.
   가) 수험자 본인이 시험 도중 시험에 대한 포기 의사를 표현하는 경우
   나) 위생복, 위생모, 앞치마, 마스크를 착용하지 않은 경우
   다) 시험시간 내에 과제 두 가지를 제출하지 못한 경우
   라) 문제의 요구사항대로 과제의 수량이 만들어지지 않은 경우
   마) 완성품을 요구사항의 과제(요리)가 아닌 다른 요리(예, 달걀말이→달걀찜)로 만든 경우
   바) 불을 사용하여 만든 조리작품이 작품특성에 벗어나는 정도로 타거나 익지 않은 경우
   사) 해당과제의 지급재료 이외 재료를 사용하거나, 요구사항의 조리기구(석쇠 등)로 완성품을 조리하지 않은 경우
   아) 지정된 수험자지참준비물 이외의 조리기술에 영향을 줄 수 있는 기구를 사용한 경우
   자) 가스레인지 화구 2개 이상(2개 포함) 사용한 경우
   차) 시험 중 시설·장비(칼, 가스레인지 등) 사용 시 시험위원 및 타수험자의 시험 진행에 방해를 일으킬 것으로 시험위원 전원이 합의하여 판단한 경우
   카) 요구사항에 표시된 실격 및 부정행위에 해당하는 경우
7) 항목별 배점은 위생상태 및 안전관리 5점, 조리기술 30점, 작품의 평가 15점입니다.
8) 시험시작 전 가벼운 몸 풀기(스트레칭) 동작으로 긴장을 풀고 시험을 시작합니다.

CHINESE COOKING

만드는 법

1. 부추: 세척 후 물기 제거 ➜ 6cm 썰기(흰 부분을 따로 나눠 놓기) ➜ 소금 살짝 뿌려 두기

2. 돼지고기: 결대로 0.3cm×6cm 채 썰기 ➜ 소금, 청주 ➜ 흰자 ➜ 녹말가루(농도 조절)

3. 팬에 약불 ➜ 기름 1/2C ➜ 고기가 붙지 않게 풀어가며 볶기 ➜ 체에 밭쳐 두기

4. 팬에 기름 1T ➜ 부추 흰 부분 ➜ 푸른 부분

5. 볶은 부추에 볶은 고기 넣고 ➜ 소금 ➜ 참기름(후추 ✗)

재료

- 부추(중국부추(호부추))············120g
- 돼지등심(살코기)··················50g
- 소금(정제염)······················5g
- 청주······························15ml
- 달걀······························1개
- 녹말가루(감자전분)················30g
- 참기름····························5ml
- 식용유····························100ml

point

- 고기 볶을 때 기름 온도가 너무 높거나 전분가루가 많으면 엉겨 붙으므로 약불에 전분 조절 잘하여 고기가 붙지 않게 한다.

- 부추는 기름 많으면 금방 숨이 죽으므로 기름 양을 적게 하고, 흰 부분을 먼저 볶은 후 푸른 부분을 넣고 금방 고기 넣어 빨리 끝낸다.

- 타지 않도록 주의 한다.

중식 볶음조리

고추잡채
(靑椒猪肉絲 - 칭쟈우 주러우쓰)

정확한 이름은 (칭쟈우 차우 러우쓰)이름과 같이 고추와 고기를 볶아낸 요리가 고추잡채이다.

🖐 요구사항

※ 주어진 재료를 사용하여 다음과 같이 고추잡채를 만드시오.
　가. 주재료 피망과 고기는 5cm의 채로 써시오.
　나. 고기는 간을 하여 기름에 익혀 사용하시오.

시험시간 25분

🖐 수험자 유의사항

1) 만드는 순서에 유의하며, 위생과 숙련된 기능평가를 위하여 조리작업 시 맛을 보지 않습니다.
2) 지정된 수험자지참준비물 이외의 조리기구나 재료를 시험장내에 지참할 수 없습니다.
3) 지급재료는 시험 전 확인하여 이상이 있을 경우 시험위원으로부터 조치를 받고 시험 중에는 재료의 교환 및 추가지급은 하지 않습니다.
4) 요구사항 및 지급재료의 규격은 "정도"의 의미를 포함하며, 재료의 크기에 따라 가감하여 채점됩니다.
5) 위생복, 위생모, 앞치마, 마스크를 착용하여야 하며, 시험장비·조리기구 취급 등 안전에 유의합니다.
6) 다음 사항은 실격에 해당하여 **채점 대상에서 제외**됩니다.
　가) 수험자 본인이 시험 도중 시험에 대한 포기 의사를 표현하는 경우
　나) 위생복, 위생모, 앞치마, 마스크를 착용하지 않은 경우
　다) 시험시간 내에 과제 두 가지를 제출하지 못한 경우
　라) 문제의 요구사항대로 과제의 수량이 만들어지지 않은 경우
　마) 완성품을 요구사항의 과제(요리)가 아닌 다른 요리(예, 달걀말이→달걀찜)로 만든 경우
　바) 불을 사용하여 만든 조리작품이 작품특성에 벗어나는 정도로 타거나 익지 않은 경우
　사) 해당과제의 지급재료 이외 재료를 사용하거나, 요구사항의 조리기구(석쇠 등)로 완성품을 조리하지 않은 경우
　아) 지정된 수험자지참준비물 이외의 조리기술에 영향을 줄 수 있는 기구를 사용한 경우
　자) 가스레인지 화구 2개 이상(2개 포함) 사용한 경우
　차) 시험 중 시설·장비(칼, 가스레인지 등) 사용 시 시험위원 및 타수험자의 시험 진행에 위해를 일으킬 것으로 시험위원 전원이 합의하여 판단한 경우
　카) 요구사항에 표시된 실격 및 부정행위에 해당하는 경우
7) 항목별 배점은 위생상태 및 안전관리 5점, 조리기술 30점, 작품의 평가 15점입니다.
8) 시험시작 전 가벼운 몸 풀기(스트레칭) 동작으로 긴장을 풀고 시험을 시작합니다.

만드는 법

1. 죽순: 포 떠서 채 썰기 ➡ 살짝 데치기
   표고: 밑둥 제거 ➡ 소금으로 주름살 부분 씻기 ➡ 포 떠서 채 썰기
   피망(심지, 씨 제거), 양파: 결 방향 5cm 채 썰기

2. 돼지고기: 결 방향 6cm(완성 길이 5cm) ➡ 간장, 청주 ➡ 흰자 ➡ 녹말가루(농도 조절)

3. 팬에 약불 ➡ 기름 1/2 C ➡ 고기가 붙지 않게 풀어가며 볶기 ➡ 체에 받쳐 두기

4. 팬에 기름 1T ➡ 센불 팬에 기름 1T ➡ 양파, 표고, 죽순 ➡ 간장 1t ➡ 피망(가볍게 볶기) ➡ 볶은 고기 ➡ 소금 ➡ 참기름(후추×)

5. 골고루 보기 좋게 담는다.

재료

- 돼지등심(살코기)·················100g
- 소금(정제염)························5g
- 청주·································5ml
- 달걀··································1개
- 녹말가루(감자전분)················15g
- 청피망 중(75g)·······················1개
- 죽순(통조림, whole, 고형분)······30g
- 건표고버섯(지름 5cm 물에 불린 것)···2개
- 양파 중(150g)······················1/2개
- 진간장·····························15ml
- 참기름······························5ml
- 식용유·····························150ml

point

- 야채와 돼지고기의 채는 일정하도록 한다.
- 고기 볶을 때 기름 온도가 너무 높거나 전분가루가 많으면 엉겨붙으므로 약불에 전분 조절 잘하여 고기가 붙지 않게 한다.
- 야채는 볶는 순서에 유의한다.

중식 볶음조리
마파두부
(麻婆豆腐 - 마퍼뜨우프)

사천성에 진마파라는 여자가 만든 매운 두부 음식을 마파라는 이름을 붙여 '마파두부'라고 한다.

🥢 요구사항

※ 주어진 재료를 사용하여 마파두부를 만드시오.
 가. 두부는 1.5cm의 주사위 모양으로 써시오.
 나. 두부가 으깨어지지 않게 하시오.
 다. 고추기름을 만들어 사용하시오.
 라. 홍고추는 씨를 제거하고 0.5cm×0.5cm로 써시오.

시험시간 **25**분

🥢 수험자 유의사항

1) 만드는 순서에 유의하며, 위생과 숙련된 기능평가를 위하여 조리작은 시 맛을 보지 않습니다.
2) 지정된 수험자지참준비물 이외의 조리기구나 재료를 시험장내에 지참할 수 없습니다.
3) 지급재료는 시험 전 확인하여 이상이 있을 경우 시험위원으로부터 조치를 받고 시험 중에는 재료의 교환 및 추가지급은 하지 않습니다.
4) 요구사항 및 지급재료의 규격은 "정도"의 의미를 포함하며, 재료의 크기에 따라 가감하여 채점됩니다.
5) 위생복, 위생모, 앞치마, 마스크를 착용하여야 하며, 시험장비·조리기구 취급 등 안전에 유의합니다.
6) 다음 사항은 실격에 해당하여 **채점 대상에서 제외**됩니다.
  가) 수험자 본인이 시험 도중 시험에 대한 포기 의사를 표현하는 경우
  나) 위생복, 위생모, 앞치마, 마스크를 착용하지 않은 경우
  다) 시험시간 내에 과제 두 가지를 제출하지 못한 경우
  라) 문제의 요구사항대로 과제의 수량이 만들어지지 않은 경우
  마) 완성품을 요구사항의 과제(요리)가 아닌 다른 요리(예, 달걀말이→달걀찜)로 만든 경우
  바) 불을 사용하여 만든 조리작품이 작품특성에 벗어나는 정도로 타거나 익지 않은 경우
  사) 해당과제의 지급재료 이외 재료를 사용하거나, 요구사항의 조리기구(석쇠 등)로 완성품을 조리하지 않은 경우
  아) 지정된 수험자지참준비물 이외의 조리기술에 영향을 줄 수 있는 기구를 사용한 경우
  자) 가스레인지 화구 2개 이상(2개 포함) 사용한 경우
  차) 시험 중 시설·장비(칼, 가스레인지 등) 사용 시 시험위원 및 타수험자의 시험 진행에 위해를 일으킬 것으로 시험위원 전원이 합의하여 판단한 경우
  카) 요구사항에 표시된 실격 및 부정행위에 해당하는 경우
7) 항목별 배점은 위생상태 및 안전관리 5점, 조리기술 30점, 작품의 평가 15점입니다.
8) 시험시작 전 가벼운 몸 풀기(스트레칭) 동작으로 긴장을 풀고 시험을 시작합니다.

만드는 법

1. 대파, 마늘, 생강, 홍고추(씨 제거): 굵게 다지기(0.5cm 정도)

2. 두부: 1.5cm×1.5cm×1.5cm → 주사위 모양 썰기 → 가장자리 제거 → 데치기(소금×) → 식지 않게 뜨거운 물에 뚜껑 덮어 둔다.

3. 돼지고기: 기름을 제거하고 한 번 더 곱게 다진다.

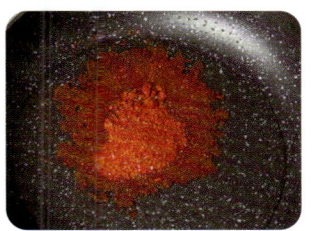

4. 팬에 기름 3T 넣고 약불에 고춧가루 1T → 빨갛게 우러서 고운체에 걸러 놓기

5. 센불에 고추기름 → 마늘, 생강, 대파 → 간장 → 약불에 고기(뭉치지 않게 볶기) → 홍고추

6. 물 3/4C → 두반장 전량, 설탕 1t, 간장 2t, 후추 → 물 녹말(농도 조절) → 따뜻한 두부 → 참기름

재 료

- 두부·······················150g
- 돼지등심(다진 살코기)········50g
- 마늘 중(깐 것)··············2쪽
- 생강························5g
- 대파 흰부분(6cm)············1토막
- 홍고추(생)················1/2개
- 두반장····················10g
- 흰설탕·····················5g
- 진간장····················10ml
- 검은후춧가루················5g
- 식용유····················60ml
- 고춧가루···················15g
- 녹말가루(감자전분)··········15g
- 참기름·····················5ml

point

- 두부 데칠 때 끓이는 물의 분량이 많아야 하며, 두부가 동동 뜰 때 까지 데쳐야 두부가 부서지지 않는다.
- 고추기름은 타지 않아야 한다.(기름: 고춧 가루 = 3 : 1)
  – 키친타올 ×, 면보×

중식 볶음조리
새우케첩볶음
(番茄蝦仁 - 반치에 샤인)

원래는 생 토마토로 했던 음식을 케첩이 들어오면서 바뀐 음식이다.

요구사항

※ 주어진 재료를 사용하여 다음과 같이 새우케첩볶음을 만드시오.
  가. 새우 내장을 제거 하시오.
  나. 당근과 양파는 1cm 크기의 사각으로 써시오.

시험시간 25분

수험자 유의사항

1) 만드는 순서에 유의하며, 위생과 숙련된 기능평가를 위하여 조리작업 시 맛을 보지 않습니다.
2) 지정된 수험자지참준비물 이외의 조리기구나 재료를 시험장내에 지참할 수 없습니다.
3) 지급재료는 시험 전 확인하여 이상이 있을 경우 시험위원으로부터 조치를 받고 시험 중에는 재료의 교환 및 추가지급은 하지 않습니다.
4) 요구사항 및 지급재료의 규격은 "정도"의 의미를 포함하며, 재료의 크기에 따라 가감하여 채점됩니다.
5) 위생복, 위생모, 앞치마, 마스크를 착용하여야 하며, 시험장비·조리기구 취급 등 안전에 유의합니다.
6) 다음 사항은 실격에 해당하여 **채점 대상에서 제외**됩니다.
   가) 수험자 본인이 시험 도중 시험에 대한 포기 의사를 표현하는 경우
   나) 위생복, 위생모, 앞치마, 마스크를 착용하지 않은 경우
   다) 시험시간 내에 과제 두 가지를 제출하지 못한 경우
   라) 문제의 요구사항대로 과제의 수량이 만들어지지 않은 경우
   마) 완성품을 요구사항의 과제(요리)가 아닌 다른 요리(예, 달걀말이→달걀찜)로 만든 경우
   바) 불을 사용하여 만든 조리작품이 작품특성에 벗어나는 정도로 타거나 익지 않은 경우
   사) 해당과제의 지급재료 이외 재료를 사용하거나, 요구사항의 조리기 구(석쇠 등)로 완성품을 조리하지 않은 경우
   아) 지정된 수험자지참준비물 이외의 조리기술에 영향을 줄 수 있는 기구를 사용한 경우
   자) 가스레인지 화구 2개 이상(2개 포함) 사용한 경우
   차) 시험 중 시설·장비(칼, 가스레인지 등) 사용 시 시험위원 및 타수험자의 시험 진행에 위해를 일으킬 것으로 시험위원 전원이 합의하여 판단한 경우
   카) 요구사항에 표시된 실격 및 부정행위에 해당하는 경우
7) 항목별 배점은 위생상태 및 안전관리 5점, 조리기술 30점, 작품의 평가 15점입니다.
8) 시험시작 전 가벼운 몸 풀기(스트레칭) 동작으로 긴장을 풀고 시험을 시작합니다.

CHINESE COOKING

만드는 법

1. 새우 내장 제거 → 소금물 씻기 → 물기 제거 → 간장, 청주

2. 양파, 대파, 당근, 생강: 1cm×1cm 사각썰기

3. 완두콩: 데치기 → 찬물 → 체 받쳐 두기

4. 새우: 흰자 1T + 물전분 버무리기 (농도 조절. 소스용 물전분 남겨두기)

5. 1차 튀김(160℃ 약불) → 뜨면 뒤집어서 붙은 것 떼어내기 → 2차 튀김(170℃ 바삭하게 튀기기)

6. 팬에 기름 → 생강, 대파 → 간장, 청주 → 양파, 당근 → 완두콩 → 케첩 전량 → 물 1/2C, 설탕 2t → 물녹말(농도 조절) → 튀긴 새우 버무르기 (참기름×)

재료

- 작은새우살(내장이 있는 것)········200g
- 소금(정제염)······················2g
- 청주····························30ml
- 달걀····························1개
- 녹말가루(감자전분)···············100g
- 당근(길이로썰어서)···············30g
- 양파 중(150g 정도)···············1/6개
- 완두콩··························10g
- 생강····························5g
- 대파 흰부분(6cm 정도)············1토막
- 토마토케첩······················50g
- 흰설탕··························10g
- 진간장··························15ml
- 식용유··························800ml
- 이쑤시개························1개

point

- 새우에 흰자 많이 넣으면 너무 부풀어 오르므로 약간만 넣는다.
- 1차 튀김 후 수분 증발 위해서 체를 사용하여 공기에 살짝 노출시키며 튀기면 바삭거린다.
- 체를 사용하며 흔들면서 체를 들었다가 놨다가 하면서 사각거리는 소리 나게 기름 빼준다(키친타올 ×).

중식 볶음조리

채소볶음
(炒蔬菜 - 차우 수차이)

여러 가지 계절야채를 볶아 낸 것이 채소볶음이다.

요구사항

※ **주어진 재료를 사용하여 채소볶음을 만드시오.**
  가. 모든 채소는 길이 4cm의 편으로 써시오.
  나. 대파, 마늘, 생강을 제외한 모든 채소는 끓는 물에 살짝 데쳐서 사용하시오.

시험시간 **25**분

수험자 유의사항

1) 만드는 순서에 유의하며, 위생과 숙련된 기능평가를 위하여 조리작업 시 맛을 보지 않습니다.
2) 지정된 수험자지참준비물 이외의 조리기구나 재료를 시험장내에 지참할 수 없습니다.
3) 지급재료는 시험 전 확인하여 이상이 있을 경우 시험위원으로부터 조치를 받고 시험 중에는 재료의 교환 및 추가지급은 하지 않습니다.
4) 요구사항 및 지급재료의 규격은 "정도"의 의미를 포함하며, 재료의 크기에 따라 가감하여 채점됩니다.
5) 위생복, 위생모, 앞치마, 마스크를 착용하여야 하며, 시험장비·조리기구 취급 등 안전에 유의합니다.
6) 다음 사항은 실격에 해당하여 **채점 대상에서 제외**됩니다.
   가) 수험자 본인이 시험 도중 시험에 대한 포기 의사를 표현하는 경우
   나) 위생복, 위생모, 앞치마, 마스크를 착용하지 않은 경우
   다) 시험시간 내에 과제 두 가지를 제출하지 못한 경우
   라) 문제의 요구사항대로 과제의 수량이 만들어지지 않은 경우
   마) 완성품을 요구사항의 과제(요리)가 아닌 다른 요리(예, 달걀말이→달걀찜)로 만든 경우
   바) 불을 사용하여 만든 조리작품이 작품특성에 벗어나는 정도로 타거나 익지 않은 경우
   사) 해당과제의 지급재료 이외 재료를 사용하거나, 요구사항의 조리기구(석쇠 등)로 완성품을 조리하지 않은 경우
   아) 지정된 수험자지참준비물 이외의 조리기술에 영향을 줄 수 있는 기구를 사용한 경우
   자) 가스레인지 화구 2개 이상(2개 포함) 사용한 경우
   차) 시험 중 시설·장비(칼, 가스레인지 등) 사용 시 시험위원 및 타수험자의 시험 진행에 위해를 일으킬 것으로 시험위원 전원이 합의하여 판단한 경우
   카) 요구사항에 표시된 실격 및 부정행위에 해당하는 경우
7) 항목별 배점은 위생상태 및 안전관리 5점, 조리기술 30점, 작품의 평가 15점입니다.
8) 시험시작 전 가벼운 몸 풀기(스트레칭) 동작으로 긴장을 풀고 시험을 시작합니다.

만드는 법

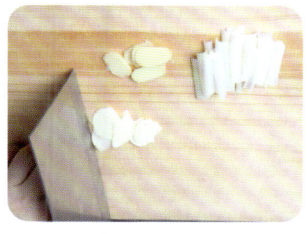

1. 대파(결 방향), 당근: 4cm 편 썰기
   마늘, 생강: 편 썰기

2. 양송이: 편 썰기 → 데치기
   죽순(빗살 무늬) → 4cm 정도 편 썰기 → 데치기
   표고: 밑둥 제거, 주름살 부분 소금으로 씻기 → 데치기 → 포 떠서 편 썰기

3. 청경채: 잎 부분 너무 많이 자르지 말고 4cm 정도 길이 썰기 → 데치기
   셀러리(섬유질 제거): 4cm 정도 편 썰기 → 데치기
   청피망(심지, 씨 제거): 4cm 정도 길이 썰기 → 데치기

4. 팬에 기름 → 대파, 마늘, 생강 → 간장, 청주 → 데친 재료 → 소금, 흰후추 → 물 1/3C → 물녹말(농도 조절) → 참기름

5. 모든 재료가 골고루 보이게 담고, 소스는 너무 많이 담지 않는다.

재 료

- 청경채·····································1개
- 청피망 중(75g)························1/3개
- 셀러리·····································30g
- 당근(길이로 썰어서)····················50g
- 죽순(통조림, whole, 고형분)········30g
- 양송이(통조림, whole, 양송이 큰 것)···2개
- 건표고버섯(지름 5cm, 물에 불린 것)···2개
- 생강·······································5g
- 마늘 중(간 것)··························1쪽
- 대파 흰부분(6cm)·······················1토막
- 식용유····································45ml
- 소금(정제염)·····························5g
- 진간장·····································5ml
- 청주·······································5ml
- 참기름·····································5ml
- 흰후춧가루······························2g
- 녹말가루(감자전분)···················20g

point

- 파, 마늘, 생강을 제외한 모든 채소는 끓는 물에 살짝 데친다. (찬물에 헹구지 않는다.)

- 야채는 강한 불에 빨리 볶아낸다.

- 청경채 데칠 때 식용유 1t 넣고 데치면 볶은 후 윤기가 난다.

중식 볶음조리
라조기
(辣椒鷄片 - 라 지아오 지)

이 요리는 한국인 입맛에 맞추어 화교가 만들어낸 한국의 중식이라 할 수 있다.

👉 요구사항

※ 주어진 재료를 사용하여 다음과 같이 라조기를 만드시오.
　가. 닭은 뼈를 발라낸 후 5cm×1cm의 길이로 써시오.
　나. 채소는 5cm×2cm의 길이로 써시오.

시험시간 30분

👉 수험자 유의사항

1) 만드는 순서에 유의하며, 위생과 숙련된 기능평가를 위하여 조리작업 시 맛을 보지 않습니다.
2) 지정된 수험자지참준비물 이외의 조리기구나 재료를 시험장내에 지참할 수 없습니다.
3) 지급재료는 시험 전 확인하여 이상이 있을 경우 시험위원으로부터 조치를 받고 시험 중에는 재료의 교환 및 추가지급은 하지 않습니다.
4) 요구사항 및 지급재료의 규격은 "정도"의 의미를 포함하며, 재료의 크기에 따라 가감하여 채점됩니다.
5) 위생복, 위생모, 앞치마, 마스크를 착용하여야 하며, 시험장비·조리기구 취급 등 안전에 유의합니다.
6) 다음 사항은 실격에 해당하여 **채점 대상에서 제외**됩니다.
　가) 수험자 본인이 시험 도중 시험에 대한 포기 의사를 표현하는 경우
　나) 위생복, 위생모, 앞치마. 마스크를 착용하지 않은 경우
　다) 시험시간 내에 과제 두 가지를 제출하지 못한 경우
　라) 문제의 요구사항대로 과제의 수량이 만들어지지 않은 경우
　마) 완성품을 요구사항의 과제(요리)가 아닌 다른 요리(예, 달걀말이→달걀찜)로 만든 경우
　바) 불을 사용하여 만든 조리작품이 작품특성에 벗어나는 정도로 타거나 익지 않은 경우
　사) 해당과제의 지급재료 이외 재료를 사용하거나, 요구사항의 조리기구(석쇠 등)로 완성품을 조리하지 않은 경우
　아) 지정된 수험자지참준비물 이외의 조리기술에 영향을 줄 수 있는 기구를 사용한 경우
　자) 가스레인지 화구 2개 이상(2개 포함) 사용한 경우
　차) 시험 중 시설·장비(칼, 가스레인지 등) 사용 시 시험위원 및 타수험자의 시험 진행에 위해를 일으킬 것으로 시험위원 전원이 합의하여 판단한 경우
　카) 요구사항에 표시된 실격 및 부정행위에 해당하는 경우
7) 항목별 배점은 위생상태 및 안전관리 5점, 조리기술 30점, 작품의 평가 15점입니다.
8) 시험시작 전 가벼운 몸 풀기(스트레칭) 동작으로 긴장을 풀고 시험을 시작합니다.

만드는 법

1. 닭다리: 뼈를 발라낸 후 껍질 칼집 → 5cm×1cm 썰기 → 간장, 청주, 후추

2. 죽순: 데치기 → 5cm×2cm 썰기
   양송이: 데치기 → 편 썰기
   건고추: 씨 제거 → 어슷 썰기
   청피망: 심지, 씨 제거 → 5cm×2cm 썰기
   청경채: 5cm×2cm → 데치기 → 찬물
   표고: 밑둥 제거 → 포 떠서 편 썰기

3. 닭: 달걀 전란 + 녹말가루 (농도 조절)

4. 1차 튀김(160℃ 약불): 길게 모양 만들어 넣기 → 뜨면 뒤집어서 붙은 것 떼어내기 → 2차 튀김 (170℃ 바삭하게 튀기기)

5. 팬에 고추기름(약불) → 건고추 → 파, 마늘, 생강 볶기 → 간장, 청주 → 죽순, 양송이, 표고 → 청경채, 청피망 → 소금, 후추 → 물 → 간장 → 끓으면 물전분 (참기름 ×)

6. 소스에 튀긴 닭을 버무려 낸다.

재 료

- 닭다리(한 마리 1.2kg)······················1개
  (허벅지살 포함 반마리 지급 가능)
- 진간장··································30ml
- 청주···································15ml
- 검은후춧가루······························1g
- 달걀··································1개
- 녹말가루(감자전분)······················100g
- 죽순(통조림, whole, 고형분)··········50g
- 건표고버섯(지름 5cm, 물에 불린 것)····1개
- 홍고추(건)·······························1개
- 양송이(통조림, whole, 양송이 큰 것)···1개
- 청피망 중(75g)························1/3개
- 청경채·································1포기
- 생강··································5g
- 대파 흰부분(6cm)·······················2토막
- 마늘 중(깐 것)·························1쪽
- 소금(정제염)·····························5g
- 고추기름······························10ml
- 식용유································900ml

point

- 닭은 바삭하게 튀긴다.
- 야채의 크기는 일정하게 한다.
- 야채를 넣어 볶는 순서에 주의한다.

중식 볶음조리

경장육사
(京醬肉絲 - 징장 러우쓰)

고기를 채 썰어 춘장과 볶아 전병이나 건 두부에 파채와 함께 싸서먹는 북경 요리이다.

요구사항

※ **주어진 재료를 사용하여 경장육사를 만드시오.**
  가. 돼지고기는 길이 5cm의 얇은 채로 썰고, 기름에 익혀 사용하시오.
  나. 춘장은 기름에 볶아서 사용하시오.
  다. 대파 채는 길이 5cm로 어슷하게 채 썰어 매운맛을 빼고 접시에 담으시오.

시험시간 **30**분

수험자 유의사항

1) 만드는 순서에 유의하며, 위생과 숙련된 기능평가를 위하여 조리작업 시 맛을 보지 않습니다.
2) 지정된 수험자지참준비물 이외의 조리기구나 재료를 시험장내에 지참할 수 없습니다.
3) 지급재료는 시험 전 확인하여 이상이 있을 경우 시험위원으로부터 조치를 받고 시험 중에는 재료의 교환 및 추가지급은 하지 않습니다.
4) 요구사항 및 지급재료의 규격은 "정도"의 의미를 포함하며, 재료의 크기에 따라 가감하여 채점됩니다.
5) 위생복, 위생모, 앞치마, 마스크를 착용하여야 하며, 시험장비·조리기구 취급 등 안전에 유의합니다.
6) 다음 사항은 실격에 해당하여 **채점 대상에서 제외**됩니다.
   가) 수험자 본인이 시험 도중 시험에 대한 포기 의사를 표현하는 경우
   나) 위생복, 위생모, 앞치마, 마스크를 착용하지 않은 경우
   다) 시험시간 내에 과제 두 가지를 제출하지 못한 경우
   라) 문제의 요구사항대로 과제의 수량이 만들어지지 않은 경우
   마) 완성품을 요구사항의 과제(요리)가 아닌 다른 요리(예, 달걀말이→달걀찜)로 만든 경우
   바) 불을 사용하여 만든 조리작품이 작품특성에 벗어나는 정도로 타거나 익지 않은 경우
   사) 해당과제의 지급재료 이외 재료를 사용하거나, 요구사항의 조리기구(석쇠 등)로 완성품을 조리하지 않은 경우
   아) 지정된 수험자지참준비물 이외의 조리기술에 영향을 줄 수 있는 기구를 사용한 경우
   자) 가스레인지 화구 2개 이상(2개 포함) 사용한 경우
   차) 시험 중 시설·장비(칼, 가스레인지 등) 사용 시 시험위원 및 타수험자의 시험 진행에 위해를 일으킬 것으로 시험위원 전원이 합의하여 판단한 경우
   카) 요구사항에 표시된 실격 및 부정행위에 해당하는 경우
7) 항목별 배점은 위생상태 및 안전관리 5점, 조리기술 30점, 작품의 평가 15점입니다.
8) 시험시작 전 가벼운 몸 풀기(스트레칭) 동작으로 긴장을 풀고 시험을 시작합니다.

만드는 법

1. 대파: 길이 5cm 정도의 어슷 채 썰기 ➡ 찬물 담그기(매운맛 제거)

2. 죽순: 5cm 채 썰기 ➡ 데치기
마늘, 생강: 채 썰기

3. 돼지고기: 길이 5cm 정도로 얇게 채 썰기 ➡ 간장, 청주 ➡ 달걀 흰자, 녹말가루 넣고 골고루 섞기

4. 팬에 기름 1/3C ➡ 춘장 3T(약불) ➡ 체에 밭쳐 두기

5. 팬에 기름 ➡ 마늘, 생강 ➡ 간장, 청주 ➡ 돼지고기 볶기

6. 팬에 기름 ➡ 볶은 춘장 1T, 굴소스 1T, 설탕 1T ➡ 물(농도 조절) ➡ 물 전분 1t(농도 주의) ➡ 죽순, 볶은 돼지고기 ➡ 참기름

7. 파채를 면보에 수분을 약간 제거하고 완성 접시에 깔고 그 위에 고기 볶은 것을 소복하게 담아낸다.

재 료

- 돼지등심(살코기)················150g
- 진간장··························30ml
- 청주····························30ml
- 달걀······························1개
- 녹말가루(감자전분)··············50g
- 대파 (흰부분, 6cm)············3토막
- 죽순(통조림, whole, 고형분)···100g
- 마늘 중(깐 것)···················1쪽
- 생강······························5g
- 춘장·····························50g
- 식용유·························300ml
- 흰설탕····························30g
- 굴소스··························30ml
- 참기름···························5ml

point

- 춘장 볶을 때 높은 온도에서 볶으면 딱딱해지므로 주의한다.
- 고기 볶을 때 물전분이 많으면 엉겨 붙으므로 아주 소량만 넣는다.
- 파채의 물기를 완전히 제거하지 않고 약간만 털어낸다.

중식 후식조리

빠스옥수수
(拔絲玉米 - 빠스 위미)

옥수수를 다져 밀가루와 버무려 완자형태로 튀겨 설탕 시럽을 버무린 음식이다.

시험시간 **25**분

요구사항

※ 주어진 재료를 사용하여 빠스옥수수를 만드시오.
  가. 완자의 크기를 지름 3cm 공 모양으로 하시오.
  나. 땅콩은 다져 옥수수와 함께 버무려 사용하시오.
  다. 설탕시럽은 타지 않게 만드시오.
  라. 빠스옥수수는 6개 만드시오.

수험자 유의사항

1) 만드는 순서에 유의하며, 위생과 숙련된 기능평가를 위하여 조리작업 시 맛을 보지 않습니다.
2) 지정된 수험자지참준비물 이외의 조리기구나 재료를 시험장내에 지참할 수 없습니다.
3) 지급재료는 시험 전 확인하여 이상이 있을 경우 시험위원으로부터 조치를 받고 시험 중에는 재료의 교환 및 추가지급은 하지 않습니다.
4) 요구사항 및 지급재료의 규격은 "정도"의 의미를 포함하며, 재료의 크기에 따라 가감하여 채점됩니다.
5) 위생복, 위생모, 앞치마, 마스크를 착용하여야 하며, 시험장비·조리기구 취급 등 안전에 유의합니다.
6) 다음 사항은 실격에 해당하여 **채점 대상에서 제외**됩니다.
   가) 수험자 본인이 시험 도중 시험에 대한 포기 의사를 표현하는 경우
   나) 위생복, 위생모, 앞치마, 마스크를 착용하지 않은 경우
   다) 시험시간 내에 과제 두 가지를 제출하지 못한 경우
   라) 문제의 요구사항대로 과제의 수량이 만들어지지 않은 경우
   마) 완성품을 요구사항의 과제(요리)가 아닌 다른 요리(예, 달걀말이→달걀찜)로 만든 경우
   바) 불을 사용하여 만든 조리작품이 작품특성에 벗어나는 정도로 타거나 익지 않은 경우
   사) 해당과제의 지급재료 이외 재료를 사용하거나, 요구사항의 조리기구(석쇠 등)로 완성품을 조리하지 않은 경우
   아) 지정된 수험자지참준비물 이외의 조리기술에 영향을 줄 수 있는 기구를 사용한 경우
   자) 가스레인지 화구 2개 이상(2개 포함) 사용한 경우
   차) 시험 중 시설·장비(칼, 가스레인지 등) 사용 시 시험위원 및 타수험자의 시험 진행에 위해를 일으킬 것으로 시험위원 전원이 합의하여 판단한 경우
   카) 요구사항에 표시된 실격 및 부정행위에 해당하는 경우
7) 항목별 배점은 위생상태 및 안전관리 5점, 조리기술 30점, 작품의 평가 15점입니다.
8) 시험시작 전 가벼운 몸 풀기(스트레칭) 동작으로 긴장을 풀고 시험을 시작합니다.

만드는 법

1. 땅콩: 껍질 제거 ➡ 칼등으로 눌러서 굵게 다지기

2. 옥수수 통조림: 체에 밭쳐 물기 살짝 제거 ➡ 굵게 다지기 (1/3 크기)

3. 다진 옥수수 + 땅콩 다진 것 + 노른자 1/2 + 밀가루 3T 넣고 버무리기 ➡ 손으로 지름 3cm 정도 완자 6개 이상 만들기

4. 170℃ 기름에서 1회 튀기기 ➡ 색 나면 꺼낸다

5. 팬에 약불 ➡ 식용유 소량, 설탕 넣고 설탕 끝부분이 녹으면서 투명해질 때까지 팬을 돌려가면서 시럽 만들기

6. 시럽에 튀긴 완자 넣어 ➡ 팬을 돌려가면서 시럽을 골고루 묻힌다 ➡ 접시에 기름 발라서 꺼내 놓고 식으면 ➡ 완성 접시에 옮겨 보기 좋게 담는다. (시럽의 실을 자연스럽게 보이게 둔다.)

재 료

- 옥수수(통조림, 고형분)·················120g
- 땅콩······························7알
- 밀가루(중력분)························80g
- 달걀······························1개
- 흰설탕·····························50g
- 식용유····························500ml

point

- 옥수수의 완자 크기를 일정하게 성형한다.
- 손에 기름을 묻혀서 표면을 매끄럽게 성형해도 좋다.
- 너무 오래 기름에 튀기지 않도록 주의한다.
- 시럽 만들 때 설탕이 녹기 전에 젓지 않아야 한다.(결정화×)
- 시럽이 검게 타지 않아야 한다.

중식 후식조리

빠스고구마
(拔絲地瓜 - 빠스 띠과)

고구마를 먹기 좋게 잘라 튀겨서 설탕 시럽을 버무린 음식이다.

🍴 요구사항

※ 주어진 재료를 사용하여 다음과 같이 고구마빠스를 만드시오.
  가. 고구마는 껍질을 벗기고 먼저 길게 4등분을 내고 다시 4cm 길이의 다각형으로 돌려 썰기 하시오.
  나. 튀김이 바삭하게 되도록 하시오.

🍴 수험자 유의사항

1) 만드는 순서에 유의하며, 위생과 숙련된 기능평가를 위하여 조리작업 시 맛을 보지 않습니다.
2) 지정된 수험자지참준비물 이외의 조리기구나 재료를 시험장내에 지참할 수 없습니다.
3) 지급재료는 시험 전 확인하여 이상이 있을 경우 시험위원으로부터 조치를 받고 시험 중에는 재료의 교환 및 추가지급은 하지 않습니다.
4) 요구사항 및 지급재료의 규격은 "정도"의 의미를 포함하며, 재료의 크기에 따라 가감하여 채점됩니다.
5) 위생복, 위생모, 앞치마, 마스크를 착용하여야 하며, 시험장비·조리기 구 취급 등 안전에 유의합니다.
6) 다음 사항은 실격에 해당하여 **채점 대상에서 제외**됩니다.
   가) 수험자 본인이 시험 도중 시험에 대한 포기 의사를 표현하는 경우
   나) 위생복, 위생모, 앞치마, 마스크를 착용하지 않은 경우
   다) 시험시간 내에 과제 두 가지를 제출하지 못한 경우
   라) 문제의 요구사항대로 과제의 수량이 만들어지지 않은 경우
   마) 완성품을 요구사항의 과제(요리)가 아닌 다른 요리(예, 달걀말이→달걀찜)로 만든 경우
   바) 불을 사용하여 만든 조리작품이 작품특성에 벗어나는 정도로 타거나 익지 않은 경우
   사) 해당과제의 지급재료 이외 재료를 사용하거나, 요구사항의 조리기구(석쇠 등)로 완성품을 조리하지 않은 경우
   아) 지정된 수험자지참준비물 이외의 조리기술에 영향을 줄 수 있는 기구를 사용한 경우
   자) 가스레인지 화구 2개 이상(2개 포함) 사용한 경우
   차) 시험 중 시설·장비(칼, 가스레인지 등) 사용 시 시험위원 및 타수험자의 시험 진행에 위해를 일으킬 것으로 시험위원 전원이 합의하여 판단한 경우
   카) 요구사항에 표시된 실격 및 부정행위에 해당하는 경우
7) 항목별 배점은 위생상태 및 안전관리 5점, 조리기술 30점, 작품의 평가 15점입니다.
8) 시험시작 전 가벼운 몸 풀기(스트레칭) 동작으로 긴장을 풀고 시험을 시작합니다.

C·H·I·N·E·S·E C·O·O·K·I·N·G

▌만드는 법

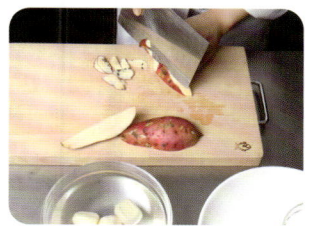

1. 고구마: 껍질 벗기고 길게 4등분 ➔ 4cm 크기 다각형 돌려가며 썰기 ➔ 찬물(전분기 제거)

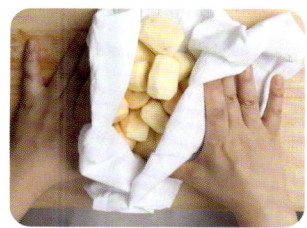

2. 고구마: 물기 완전 제거(면보) ➔ 모서리가 갈색날 때까지 튀긴다.

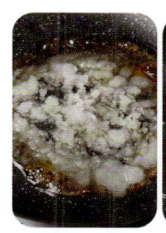 

3. 팬에 약불 ➔ 식용유 소량, 설탕 넣고 설탕 끝부분이 녹으면서 투명해질 때까지 팬을 돌려가면서 시럽 만들기

4. 시럽에 튀긴 고구마 넣어 ➔ 팬을 돌려가면서 시럽을 골고루 묻힌다.

5. 접시에 기름 발라서 꺼내 놓고 식으면 ➔ 완성 접시에 옮겨 보기 좋게 담는다. (시럽의 실을 자연스럽게 보이게 둔다.)

▌재 료

- 고구마(300g)·····················1개
- 식용유························1000ml
- 흰설탕························100g

point

- 고구마의 크기가 일정하게 썰고, 너무 크지 않게 주의한다.
- 고구마를 너무 오래 기름에 튀기지 않도록 주의한다.
- 시럽 만들 때 설탕이 녹기 전에 젓지 않아야 한다.(결정화×)
- 시럽이 검게 타지 않도록 주의한다.

개인위생상태 및 안전관리 세부기준 안내

순번	구분	세부기준

1	위생복 상의	• 전체 흰색, 손목까지 오는 긴소매
		  – 조리과정에서 발생 가능한 안전사고(화상 등) 예방 및 식품위생(체모 유입방지, 오염도 확인 등) 관리를 위한 기준 적용
		  – 조리과정에서 편의를 위해 소매를 접어 작업하는 것은 허용
		  – 부직포, 비닐 등 화재에 취약한 재질이 아닐 것, 팔토시는 긴팔로 불인정
		• 상의 여밈은 위생복에 부착된 것이어야 하며 벨크로(일명 찍찍이), 단추 등의 크기, 색상, 모양, 재질은 제한하지 않음(단, 핀 등 별도 부착한 금속성은 제외)

2	위생복 하의	• 색상·재질무관, 안전과 작업에 방해가 되지 않는 발목까지 오는 긴바지 – 조리기구 낙하, 화상 등 안전사고 예방을 위한 기준 적용
3	위생모	• 전체 흰색, 빈틈이 없고 바느질 마감처리가 되어 있는 일반 조리장에서 통용되는 위생모 (모자의 크기, 길이, 모양, 재질(면·부직포 등)은 무관)
4	앞치마	• 전체 흰색, 무릎아래까지 덮이는 길이 – 상하일체형(목끈형) 가능, 부직포·비닐 등 화재에 취약한 재질이 아닐 것
5	마스크 (입가리개)	• 침액을 통한 위생상의 위해 방지용으로 종류는 제한하지 않음 (단, 감염병 예방법에 따라 마스크 착용 의무화 기간에는 '투명 위생 플라스틱 입가리개'는 마스크 착용으로 인정하지 않음)
6	위생화 (작업화)	• 색상 무관, 굽이 높지 않고 발가락·발등·발뒤꿈치가 덮여 안전 사고를 예방할 수 있는 깨끗한 운동화 형태
7	장신구	• 일체의 개인용 장신구 착용 금지(단, 위생모 고정을 위한 머리핀 허용)
8	두발	• 단정하고 청결할 것, 머리카락이 길 경우 흘러내리지 않도록 머리망을 착용하거나 묶을 것
9	손 / 손톱	• 손에 상처가 없어야하나, 상처가 있을 경우 보이지 않도록 할 것 (시험위원 확인 하에 추가 조치 가능) • 손톱은 길지 않고 청결하며 매니큐어, 인조손톱 등을 부착하지 않을 것
10	폐식용유 처리	• 사용한 폐식용유는 시험위원이 지시하는 적재장소에 처리할 것
11	교차오염	• 교차오염 방지를 위한 칼, 도마 등 조리기구 구분 사용은 세척으로 대신하여 예방할 것 • 조리기구에 이물질(예, 테이프)을 부착하지 않을 것
12	위생관리	• 재료, 조리기구 등 조리에 사용되는 모든 것은 위생적으로 처리하여야 하며, 조리용으로 적합한 것일 것
13	안전사고 발생 처리	• 칼 사용(손 빔) 등으로 안전사고 발생 시 응급조치를 하여야하며, 응급조치에도 지혈이 되지 않을 경우 시험진행 불가
14	눈금표시 조리도구	• 눈금표시된 조리기구 사용 허용 (**실격 처리되지 않음**, 2022년부터 적용) (단, 눈금표시에 재어가며 재료를 쓰는 조리작업은 조리기술 및 숙련도 평가에 반영)
15	부정 방지	• 위생복, 조리기구 등 시험장내 모든 개인물품에는 수험자의 소속 및 성명 등의 표식이 없을 것 (위생복의 개인 표식 제거는 테이프로 부착 가능)
16	테이프사용	• 위생복 상의, 앞치마, 위생모의 소속 및 성명을 가리는 용도로만 허용

※ 위 내용은 안전관리인증기준(HACCP) 평가(심사) 매뉴얼, 위생등급 가이드라인 평가 기준 및 시행상의 운영사항을 참고하여 작성된 기준입니다.

중식조리기능사 지참준비물 목록

지참준비물 목록

번호	재료명	규격	단위	수량	비고
1	가위	조리용	EA	1	
2	강판	조리용	EA	1	
3	계량스푼	사이즈별	SET	1	
4	계량컵	200㎖	EA	1	
5	공기	소	EA	1	
6	국대접	소	EA	1	
7	냄비	조리용	EA	1	시험장에도 준비되어 있음
8	도마	흰색 또는 나무도마	EA	1	시험장에도 준비되어 있음
9	랩, 호일	조리용	EA	1	
10	비닐봉지, 비닐백	소형	장	1	
11	소창 또는 면보	30*30cm정도, 흰색	장	1	
12	쇠조리(혹은 체)	조리용	EA	1	시험장에도 준비되어 있음
13	숟가락	스텐레스제	EA	1	
14	앞치마	백색(남,녀공용)	EA	1	
15	위생모 또는 머리수건	백색	EA	1	
16	위생복	상의-백색, 하의-긴바지(색상무관)	벌	1	* 위생복장을 제대로 갖추지 않을 경우는 감점처리됩니다 *
17	위생타올	면 또는 키친타올 등	매	1	
18	이쑤시개	-	EA	1	
19	젓가락	나무젓가락 또는 쇠젓가락	EA	1	
20	종이컵	-	EA	1	
21	칼	조리용칼, 칼집포함	EA	1	
22	키친페이퍼		EA	1	
23	후라이팬	소형, 원형 또는 사각으로 바닥이 평평하며 특수 모양 성형이 없을 것	EA	1	시험장에도 준비되어 있음
24	상비의약품	손가락골무, 밴드 등	EA	1	

※ 지참준비물의 수량은 최소 필요수량으로 수험자가 필요시 추가지참 가능합니다.

참고문헌

- 왕자휘 외 中国烹任全书, 1990, 흑룡강과학기술출판사.
- 이면희, 중국요리로 한국이 보인다, 2004, 리리출판사.
- 정윤두 외 5인, 고급 중국요리, 2005, 백산출판사.
- 조성문 외 4인, 고급 중국요리, 2007, 백산출판사.
- 김지응 외 4인, 초보자를 위한 중국요리 입문, 2008.
- 정윤두·복혜자·정순영, 호텔 중국요리, 2009, 백산출판사.
- 최송산, 중국특선 명요리, 2009, 도서출판 효일.
- 서정희, 고급 중국요리, 2012, 예문사.
- 안치언·복혜자 공저, 창업 중국요리, 2012, 백산출판사.
- 안상란·한재원, 꼭 알아야할 기초 중국조리, 2013, 도서출판 유강.
- 전경철·임점희, 중식조리기능사 산업기사 실기 시험문제, 2014, 크라운출판사.
- 김현철, 호텔식 정통 중국요리, 훈민사.
- 여경옥, 여경옥의 명품 중국요리, 주부생활.
- 시노다오사무, 윤석식 외 옮김, 중국음식문화, 민음사.
- 우샤오리, 김홍화 옮김, 중국음식, 김영사.
- NCS학습모듈 : 중식 튀김조리, 중식 조림조리, 중식 밥조리, 중식 면조리, 중식 냉채조리, 중식 볶음조리, 중식 후식조리

중식조리기능사 실기 요약 ✂

새우케첩볶음(25분)

- **재료**
  작은새우살, 진간장, 청주, 달걀, 녹말, 생강, 대파, 당근, 양파, 완두콩, 케첩, 설탕, 소금, 식용유, 이쑤시개

❶ 새우: **내장** 제거 후 **소금물**에 씻기와 물기 제거
→ 간장 1/2t, 청주 1T, 달걀흰자, **앙금녹말** 넣고 버무리기
→ 170℃ 기름에서 1~2회 바삭하게 **튀기기**

❷ 당근, 양파, 대파 **1×1㎝** 사각썰기, 완두 데치기
생강 편 썰기.

❸ **물녹말**(전분 1T, 물 1.5T) 준비하기

❹ **볶기 와 담기**
팬에 식용유 두르고 생강, 대파 → 간장 1/2t, 청주 1t →
양파, 당근 → 케첩 → 물 1/2C, 설탕 2t → 물녹말 →
완두, 튀긴 새우 버무려 담기 **(참기름 X)**

유니짜장면(30분)

- **재료**
  다진 돼지고기, 중식면(생면), 양파, 애호박, 오이, 춘장, 생강, 간장, 청주, 설탕, 녹말, 소금, 참기름, 식용유

❶ **춘장 볶기**
팬 또는 냄비에 기름 1/2C 넣고 따뜻해지면 춘장 3T 넣고 풀어가며 10분 정도 볶아 건져 놓기.

❷ 고기의 핏물을 제거하여 다져 놓고, 생강도 다지기
애호박, 양파를 0.5×0.5㎝ 사각으로 썰어 놓기.
오이 소금으로 비벼 씻어서 4㎝ 채썰기

❸ 중식면을 끓는 물에 **삶기** → 찬물에 **헹구기** → 먹기 직전 **데우기**

❹ **짜장소스 만들기**
팬에 기름 두르고 생강 → 돼지고기 볶기 → 간장 1T, 청주 1T → 양파, 호박 볶기 → 볶은 춘장 섞기 → 물 1.2C, 설탕 1T → 물녹말 넣고 끓이기 → 참기름 넣기

❺ 그릇에 면을 담고 위에 소스 끼얹고 **오이채 올리기**

탕수생선살(30분)

- **재료**
  흰생선살, 달걀, 녹말, 당근, 오이, 완두콩, 파인애플, 건목이, 식초, 설탕, 간장, 식용유

❶ **오이, 당근** 4×1㎝ 정도로 **편 썰기**
목이버섯을 더운 물에 불려서 뜯어 놓고,
완두콩 데쳐 놓고, 파인애플 6~8 등분 해놓기

❷ **생선살은** 4×1㎝로 썰어 물기를 제거하기

❸ 튀김옷 버무려 튀기기
달걀흰자 푼 것에 **앙금녹말** 넣고 저어서 튀김옷 만들기
→ 생선살에 버무리기 → 170℃ 2회 튀기기

❹ **볶기와 소스만들기**
팬에 기름 1T 두르고 당근, 목이, 파인애플 볶기 → **물 1.5C** → **간장 1T, 식초 2T, 설탕 3T** → 오이, 완두콩 → **물녹말** 농도 맞추기

❺ 튀긴 생선살을 소스에 버무려 담기 **(참기름 X)**

홍쇼두부(30분)

- **재료**
  두부, 돼지등심, 건표고, 죽순, 양송이, 청경채, 홍고추, 마늘, 생강, 대파, 진간장, 청주, 달걀, 녹말, 참기름, 식용유

❶ **두부를 가로, 세로 5㎝, 두께 1㎝의 삼각형**으로 썰어 물기를 제거한 후 팬에 기름을 두르고 **노릇하게 튀기기**

❷ **청경채, 홍고추** 등 편 썰기. 마늘, 생강도 편 썰기
표고, 죽순, 양송이는 끓는 물에 데쳐 냉수에 헹궈 물기 제거하기

❸ **돼지고기 3×3㎝ 편 썰기** 하여 간장, 청주 → 흰자와 녹말 1t로 버무려 뜨거운 기름에서 **튀기듯 데쳐 내기**

❹ **볶기와 소스에 버무려 담기**
팬에 기름 두르고 마늘, 생강, 대파 볶기 → 간장 1T, 청주 1t → 표고, 죽순, 양송이, 홍고추, 청경채 → **물 1C**
끓으면 간장 1T (색깔 조절) → 튀긴 고기, 두부 → **물녹말 2T** (농도 조절) → **참기름** → 담기

해파리냉채(20분)

- 재료
  해파리, 소금, 오이, 마늘, 식초, 설탕, 참기름

❶ 해파리 염분 제거와 데치기
해파리를 엷은 소금물에 비벼 씻은 후 60℃의 뜨거운 물에 데쳐 찬물에 헹궈서 식촛물(물1C+식초1T)에 10분간 담군 후 물기 꼭짜기

❷ 오이를 소금으로 문질러 씻고 0.2cm×6cm 어슷하게 저며 채썰어 냉수에 씻어 싱싱하게 만들기. 마늘은 곱게 다져놓기

❸ 마늘 소스 만들기
식초 1.5T + 설탕 1.5T + 다진 마늘 + 소금, 참기름 약간 → 고루 젓기

❹ 무치기와 담기
해파리 + 오이채 섞은 후 마늘 소스 끼얹기

깐풍기(30분)

- 재료
  닭다리, 진간장, 소금, 청주, 후추, 달걀, 녹말, 마늘, 생강, 대파, 홍고추, 청피망, 식초, 설탕, 참기름, 식용유

❶ 닭 토막 내기와 밑간하기
닭뼈를 제거한 후 3×3cm 크기로 썰어 간장 1t, 소금, 청주 2t, 후추로 밑간하기

❷ 홍고추, 피망, 대파, 마늘, 생강은 0.5×0.5cm 썰어 놓기

❸ 튀김옷 입히기와 튀기기
달걀 2T, 녹말가루 4~6T 넣고 버무리기 → 160~180℃에서 2회 바삭하게 튀기기

❹ 볶기와 소스에 버무려 담기
팬에 식용유 두르고 → 대파, 마늘, 생강 볶기 → 물 3T, 간장 1T, 식초 1T, 설탕 1T 넣고 살짝 끓이기(소스) → 홍고추 → 피망 → 튀긴 닭 넣고 재빨리 버무리기 → 참기름 넣고 담기

부추잡채(20분)

- 재료
  호부추, 돼지등심, 소금, 청주, 달걀, 녹말, 참기름, 식용유

❶ 부추가 꺾이지 않게 씻어서 물기를 닦고 6cm로 썰어 흰 부분과 푸른 부분으로 나눠 놓기

❷ 고기 채썰기와 초벌하기
0.3×6cm 결대로 길게 채썰기 → 소금, 청주 밑간하기 → 달걀흰자 1T, 녹말 1T 버무리기 → 팬에 기름 1/2C 넣고 중불에서 풀어가며 볶아내기

❸ 볶기와 담기
팬에 기름 1T 두르고 부추 흰 부분을 살짝 눌러가며 볶다가 푸른 부분 볶으면서 볶은 고기 넣고 소금간 하고 참기름 넣어 접시에 가볍게 올려 담기

고추잡채(25분)

- 재료
  돼지등심, 소금, 청주, 간장, 달걀, 녹말, 청피망, 죽순, 건표고, 양파, 식용유, 참기름

❶ 피망, 고기 등 5cm 채썰기
죽순, 표고는 끓는 물에 데친 후 헹궈 물기 제거

❷ 고기에 간하여 초벌하기
청주 1t, 간장 2t 밑간하기 → 흰자 2T, 녹말 1~2T 버무리기 → 팬에 기름 1/2C 넣고 고기를 약불에서 젓가락으로 풀어가며 뭉치지 않게 볶아 내기

❸ 볶기와 담기
팬에 기름 1T 두르고 양파, 표고, 죽순 볶기 → 간장 1t → 피망 가볍게 볶기 → 볶은 고기 → 소금, 참기름 → 접시에 담기

울면(30분)

- **재료**
  중식면(생면), 오징어 몸통, 작은 새우살, 양파, 당근, 배추잎, 조선부추, 건목이, 대파, 마늘, 달걀, 진간장, 청주, 소금, 흰후추, 녹말, 참기름

❶ 오징어, 대파, 양파, 당근, 배추잎 6cm로 채썰기, 마늘 채썰기
오징어 껍질 제거 후 채썰기, 새우 내장 빼기

❷ 달걀 고루 풀기, 물녹말 3T 만들기, 목이 불려서 채썰기

❸ 중식면 삶기와 담기
끓는 물에 소금 넣고 면을 4~5분 삶아 찬물에 헹군 후 먹기 직전 끓는 물에 데워서 그릇에 담기

❹ 소스 끓이기와 달걀 익히기
냄비에 물 3C 끓으면 대파, 마늘 채 → 간장 1t, 청주 1T 향 내고 → 오징어, 새우, 양파, 당근, 배추, 목이 넣고 끓이기 → 소금, 청주 1T, 흰후추 → 물녹말로 농도내기 → 부추 → 달걀 끼얹고 살짝 젓기 → 참기름 넣기 → 중식면 위를 덮도록 소스 부어내기

난자완스(25분)

- **재료**
  돼지등심(다진 것), 마늘, 대파, 생강, 청주, 간장, 소금, 후추, 달걀, 녹말, 청경채, 죽순, 건표고, 참기름, 식용유

❶ 청경채, 죽순, 표고 4cm 편 썰기 → 끓는 물에 데치기 → 냉수

❷ 대파 3cm, 마늘, 생강 편 썰기, 일부는 다지기(고기 반죽)

❸ 고기 완자 튀기기
고기 곱게 다져서 간장, 청주, 검은후추로 간하기 → 달걀 2T, 녹말 3T → 반죽하기 → 주먹을 쥐어 숟가락으로 떼어내기 → 튀김기름 2C 정도에 반죽을 올려 숟가락으로 눌러 펴면서 지름 4cm로 부서지지 않게 갈색으로 튀기기

❹ 볶기와 소스에 버무려 담기
팬에 기름 두르고 마늘, 생강, 대파 볶기 → 간장 1T, 청주 1t → 표고, 죽순, 청경채 볶기 → 물 1.2C → 간장 1T(색깔조정) → 튀겨낸 완자 넣기 → 물 녹말 2~3T 농도 조절 → 참기름 넣고 담기

마파두부(25분)

- **재료**
  두부, 돼지등심(다진 것), 홍고추, 마늘, 생강, 대파, 고춧가루, 식용유, 진간장, 두반장, 설탕, 녹말, 후추, 참기름

❶ 고추기름 만들기
팬에 식용유 3T 넣고 따뜻해지면 고춧가루 1T 넣고 5분간 타지 않게 빨갛게 우려서 고운체에 걸러놓기

❷ 두부를 1.5cm 주사위 모양으로 썰어 끓는 물에 데친 후 식지 않게 뜨거운 물에 뚜껑을 덮어둠

❸ 홍고추는 씨를 제거하고 0.5cm×0.5cm로 썰고, 대파는 0.5cm로 썰어 놓고, 마늘, 생강은 다지기, 돼지고기도 곱게 다지기

❹ 물녹말 2T 준비하기

❺ 볶기와 소스에 버무려 담기
팬에 고추기름 두르고 마늘, 생강, 파 볶기 → 돼지고기 볶기 → 홍고추 볶기 → 물 3/4C → 두반장 전량, 설탕 1t, 간장 2t, 후추 → 물녹말 → 두부 → 참기름

오징어냉채(20분)

- **재료**
  오징어, 오이, 겨잣가루, 식초, 설탕, 소금, 참기름

❶ 겨잣가루 숙성과 소스 만들기
겨잣가루 1T에 더운 물 1.2T 넣고 걸죽하게 개어 따뜻한 곳에 10분 정도 발효시키기 → 발효겨자 + 설탕 1T → 식초 1T, 소금, 참기름 넣어 소스 만들기

❷ 오징어 칼집 넣기와 썰기, 데치기
오징어 껍질을 제거한 후 안쪽에 칼집을 종횡으로 내어 3~4cm로 썰어 끓는 물에 데치기 → 냉수 → 물기 제거하기

❸ 오이 3cm 편 썰기

❹ 담기
접시에 오징어와 오이를 모양 있게 담은 후 소스를 끼얹거나 버무려 담기

경장육사(30분)

- **재료**
  돼지등심, 진간장, 청주, 달걀, 녹말, 마늘, 생강, 대파, 죽순, 식용유, 춘장, 굴소스, 설탕, 참기름

❶ **춘장 기름에 볶기:**
팬에 식용유를 넉넉히 두르고 (1/3C) 따끈해지면 춘장 3T를 풀어가며 8분 정도 볶아 건져 놓기. 죽순은 채썰어 끓는 물에 데치기

❷ **대파 썰기와 매운맛 제거 후 담기:**
대파를 길이 5cm로 어슷하게 채 썰어 찬물에 담갔다가 물기를 제거한 후 접시에 돌려 담기

❸ **돼지고기 초벌하기:**
5cm 정도 얇게 채썰고 간장, 청주, 달걀흰자, 녹말 2T 넣고 버무려 넉넉한 기름에서 약불로 뭉치지 않게 풀어가며 튀겨내기

❹ **돼지고기를 춘장과 볶기**, 담기
팬에 기름 두르고 마늘, 생강 볶다가 간장, 청주 → 볶은 춘장 2~3T, 굴소스 1/2T, 설탕 1T → 물 4T → 물녹말 1T 넣고 풀어가며 볶기 → 돼지고기와 죽순 → 참기름 → 대파 접시 중앙에 담기

빠스고구마(25분)

- **재료**
  고구마, 식용유, 설탕

❶ 고구마는 껍질을 벗겨 낸 후 → 길게 4등분하여 → 4cm 다각형 돌려 썰기 → 냉수에 담갔다가 물기 제거

❷ 160℃ 기름에서 연한 갈색으로 3분 정도 튀기기

❸ 시럽 만들기
팬에 식용유 1T 두르고 설탕 3T 펼쳐 뿌려서 완전히 녹을 때까지 팬을 흔들어 가며 타지 않게 투명하게 녹이기

❹ 버무리기와 담기
뜨거운 시럽에 튀긴 고구마를 고루 버무려 하나씩 떼어 접시에 담기

채소볶음(25분)

- **재료**
  청경채, 청피망, 셀러리, 당근, 양송이, 죽순, 건표고, 생강, 마늘, 대파, 소금, 진간장, 청주, 흰후추, 녹말, 참기름, 식용유

❶ 채소와 양송이 죽순 표고 4cm 정도 편 썰기
끓는 물에 데치기 → 물기 제거

❷ 대파, 마늘 편 썰기. 생강 채썰기

❸ 볶기와 버무려 담기
팬에 기름 두르고 마늘, 생강, 파를 볶아 향이 나면 간장, 청주 넣고 데친 재료 넣고 재빠르게 볶으면서 소금, 흰후추 → 물 1/3C → 물녹말 1T 넣고 물기 있게 버무려서 참기름 넣고 담기

빠스옥수수(25분)

- **재료**
  옥수수 통조림, 땅콩, 밀가루, 달걀, 설탕, 식용유

❶ 옥수수 통조림은 체에 밭쳐 물기를 제거하고 입자 있게 다져 놓기

❷ 땅콩도 껍질을 벗겨 칼등으로 눌러 굵게 다지기

❸ 다진 옥수수, 다진 땅콩을 합하여 노른자 1/2개, 밀가루 3T 넣어 버무려 지름 3cm 완자를 6개 이상 만들기 → 170℃ 기름에서 3분 정도 튀기기

❹ 시럽에 버무려 담기
팬에 식용유 1T 두르고 설탕 3T를 펼쳐 뿌려 완전히 녹아 투명한 갈색이 나면 튀긴 옥수수를 버무려 하나씩 떼어 담기

양장피잡채(35분)

- 재료
  양장피, 진간장, 참기름, 소금, 식용유, 돼지고기, 양파, 조선부추, 건목이, 오이, 당근, 달걀, 새우살, 오징어살, 건해삼
- 겨자소스
  발효겨자 1T + 설탕 1T → 식초 1T, 소금 약간, 참기름

❶ 겨잣가루 숙성 시키기와 식초, 설탕 간하기
  양장피, 목이버섯 미지근한 물에 불려 놓기
❷ 오이, 당근, 달걀 지단 5㎝ 정도로 채썰기
❸ 돼지고기, 목이, 양파, 부추도 5㎝로 썰어 볶기
  → 간장, 소금, 참기름 간하기
❹ 새우살, 오징어살, 해삼 끓는 물에 데쳐서 냉수에 헹궈 썰어놓기
❺ 양장피를 끓는 물에 삶아 냉수에 헹군 후 4㎝ 사각 썰어 간장, 참기름에 무치기
❻ 큰 접시에 채소와 새우 등 색을 맞춰 담고 양장피를 돌려 담고 중앙에 볶은 재료 놓고 주변에 겨자소스를 뿌려 낸다.

새우볶음밥(30분)

- 재료
  불린 쌀, 작은 새우살, 달걀, 대파, 당근, 청피망, 식용유, 소금, 흰후추

❶ 밥짓기
  쌀에 동량의 물을 넣고 중약불로 15분간 끓이고 뜸들이기
❷ 새우는 찬물 해동 → 내장을 제거 → 소금물에 데치기 → 찬물 → 수분 제거
❸ 대파, 당근, 피망은 0.5㎝ 주사위 모양으로 썰기
  달걀은 소금 넣고 골고루 저어 풀기
❹ 볶기와 담기
  팬에 식용유 두르고 먼저 달걀을 부드럽게 볶아 한 쪽에 밀어 놓고 채소를 넣어 볶으면서 소금, 흰후추로 간하며 밥과 새우살을 넣고 재빨리 섞어 접시에 담는다.

* 대접 바닥에 새우살 일부를 담고 그 위에 볶은밥을 채워 접시에 뒤집어 담으면 보기 좋다.

라조기(30분)

- 재료
  닭다리, 진간장, 소금, 청주, 후추, 달걀, 녹말, 마늘, 생강, 대파, 고추기름, 식용유, 죽순, 표고, 양송이, 홍고추(건고추), 청피망, 청경채

❶ 닭뼈 발라낸 후 5㎝×1㎝ 길이로 썰기
  → 간장 1t, 소금, 청주 2t, 후추, 달걀흰자, 녹말 6T 버무리기 → 170℃ 2회 튀기기
❷ 채소 5㎝×2㎝ 썰기 → 청경채, 죽순, 표고, 양송이 데치기 → 냉수 담그기 → 물기 제거 → 마늘, 생강, 대파 편 썰기 또는 채썰기
❸ 볶기와 소스 만들기
  팬에 고추기름 두르고 건고추 → 마늘, 생강, 대파 볶기 → 간장, 청주 → 죽순, 양송이, 표고 → 청경채, 청피망 → 소금, 후추 → 물 → 간장 → 물녹말 2T 농도 맞추기
❹ 튀긴 닭을 소스에 버무려 담기 (참기름 X)

탕수육(30분)

- 재료
  돼지등심, 진간장, 청주, 달걀, 녹말, 대파, 양파, 당근, 오이, 완두, 건목이, 설탕, 식초, 식용유

❶ 앙금녹말 만들기
  녹말 1/3C 정도에 물 동량 붓고 가라앉히기(20분간) → 앙금 남기고 물버리기
❷ 채소 편 썰기, 목이 불려서 뜯어 놓기, 완두 데치기
❸ 돼지고기 길이 4㎝, 두께 1㎝ 긴 사각 썰기
  → 간장 1t, 청주 2t, 흰자, 앙금녹말 넣고 버무리기 → 160℃~170℃에서 바삭하게 2회 튀기기
❹ 볶기와 소스에 버무려 담기
  팬에 기름 두르고 대파 볶다가 간장 1t, 청주 1t 넣기 → 양파, 당근, 목이 볶기 → 물 1C → 설탕 3T, 식초 2T, 간장 1t → 물녹말 2T 넣고 농도 맞추기 → 튀긴 고기를 소스에 버무려 담기 (참기름 X)

중식조리기능사 실기

초판인쇄 | 2019년 9월 2일
9쇄발행 | 2025년 1월 23일

저　　자 | 강란기
발 행 처 | 도서출판 유강
발 행 인 | 柳麟夏

주　　소 | 경기도 성남시 중원구 상대원동 144-3 우림라이온스벨티 5차 B동 412호
전　　화 | 010-5026-4204
총 무 과 | 031-750-0238
홈페이지 | www.ukang.co.kr

디 자 인 | 옥별
사　　진 | 황익상

ISBN 979-11-90591-10-2

정가 12,000원

잘못된 책은 교환해 드립니다.
저자와 협의하에 인지를 생략합니다.

본 책의 무단복제 행위는 저작권법에 의거 5년 이하의 징역 또는 8,000만원 이하의 벌금에 처하거나 이를 병과할 수 있습니다.